CB036353

A Little Bit of Crystals: An Introduction to Crystal Healing

Diretor Editorial
Christiano Menezes

Diretor Comercial
Chico de Assis

Diretor de MKT e Operações
Mike Ribera

Diretora de Estratégia Editorial
Raquel Moritz

Gerente Comercial
Fernando Madeira

Coordenadora de Supply Chain
Janaína Ferreira

Gerente de Marca
Arthur Moraes

Gerente Editorial
Marcia Heloisa

Editora
Nilsen Silva

Adap. Capa e Proj. Gráfico
Retina 78

Coord. de Arte
Eldon Oliveira

Coord. de Diagramação
Sergio Chaves

Designer Assistente
Ricardo Brito

Finalização
Sandro Tagliamento

Preparação
Flora Manzione

Revisão
Cris Negrão
Pamela P. C. Silva

Impressão e Acabamento
Ipsis Gráfica

DADOS INTERNACIONAIS DE CATALOGAÇÃO NA PUBLICAÇÃO (CIP)
Jéssica de Oliveira Molinari - CRB-8/9852

Eason, Cassandra
Manual prático dos cristais / Cassandra Eason ; tradução Verena Cavalcante. — Rio de Janeiro : DarkSide Books, 2023.
128 p. : il.

ISBN: 978-65-5598-308-1
Título original: A Little Bit of Crystals

1. Cristais 2. Feitiçaria 3. Ciências ocultas
I. Título II. Cavalcante, Verena

23-4418 CDD 133.2548

Índice para catálogo sistemático:
1. Cristais

[2023]

DarkSide® *Entretenimento LTDA.*
Rua General Roca, 935/504 — Tijuca
20521-071 — Rio de Janeiro — RJ — Brasil
www.darksidebooks.com

MAGICAE APRESENTA

MANUAL PRÁTICO DOS CRISTAIS

CASSANDRA EASON

TRADUÇÃO VERENA CAVALCANTE

DARKSIDE

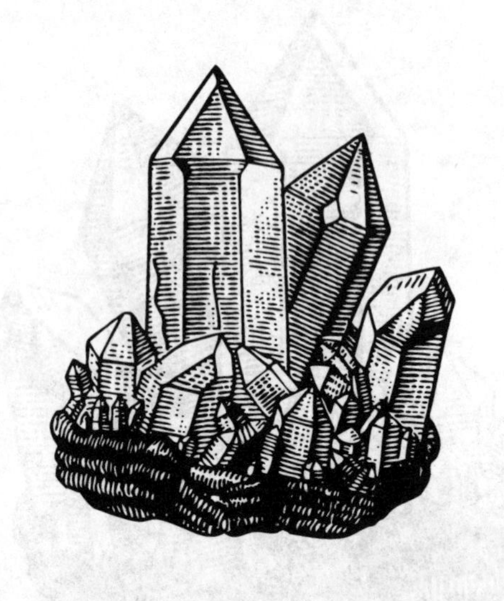

MANUAL PRÁTICO DOS

CRISTAIS

SUMÁRIO

MANUAL PRÁTICO DOS

CRISTAIS

INTRODUÇÃO

Os cristais são uma das ferramentas psíquicas mais poderosas e empolgantes de todas, pois agem como transmissores e potencializadores de saúde, felicidade, amor, sucesso e prosperidade, inundando o lar e o ambiente de trabalho com energia e proteção.

Caso esteja se perguntando sobre o porquê de tamanho poder, saiba que o objeto mais antigo encontrado no planeta foi um minúsculo fragmento de zircônia, no oeste da Austrália, há 4.404 bilhões de anos. Devido à vetustez e à formação dos cristais, que se deu pela ação da água corrente, do fogo vulcânico, da terra e dos ventos, existe uma profundidade nessas pedras que nos conecta à nossa natureza espiritual inata.

Os cristais são capazes de liberar esse poder naturalmente quando os seguramos ou quando os usamos como peças de decoração ou joias. Além disso, podem transformar, de maneiras que ainda não compreendemos bem, toda a negatividade presente em nossas vidas em energias positivas. Os cristais irradiam alegria e cura sempre que são expostos à luz do sol. Eles também nos conectam aos nossos anjos e guias espirituais, um tópico que exploraremos mais a fundo nos capítulos 1 e 8.

Ao longo da história, muitas pessoas já tentaram explicar as maravilhosas propriedades dos cristais. Os gregos antigos, por exemplo, acreditavam que todos os cristais de quartzo encontrados na

Terra eram fragmentos do Cristal da Verdade, que Hércules deixou cair do Monte Olimpo, lar dos deuses. Platão (427 – 347 AEC), filósofo grego, afirmava que as estrelas e os planetas convertiam material deteriorado em pedras preciosas que passavam a ser regidas por seu planeta ou estrela-mãe (no capítulo 8, falaremos mais sobre o zodíaco e os cristais planetários). Para os povos indígenas ao redor do mundo, incluindo os aborígenes australianos e os povos nativos da América, as pedras e os cristais são entidades com vida própria, manifestações do Grande Espírito, e, por isso, têm o poder de curar plantas, animais e pessoas.

CURA COM CRISTAIS

Os cristais são uma ferramenta curativa bastante eficaz — não como alternativa à medicina tradicional, mas porque, de formas que ainda não sabemos explicar totalmente, eles aceleram nosso sistema imune e ajudam na produção de nossos poderes inatos de autorregeneração. Eles podem potencializar os efeitos positivos de medicamentos, amenizar efeitos colaterais de um tratamento necessário, mas debilitante, e até mesmo aliviar a dor ou a ansiedade de um paciente que sofre de uma doença crônica e que não está respondendo aos tratamentos médicos convencionais.

As crianças lidam com cristais para cura de forma muito talentosa. Por exemplo, quando diante de uma coleção de diferentes cristais, até mesmo a mais jovem das crianças escolherá, intuitivamente, um cristal de quartzo rosa ou uma ametista roxa para aliviar dores de cabeça e um citrino amarelo para desconfortos estomacais. Esse conhecimento instintivo está em todos nós, provavelmente impresso em nossos genes, mas a lógica e o mundo contemporâneo nos impelem a desacreditar dessa sabedoria inerente. Todavia, após incluir o uso dos cristais na sua rotina, em poucas semanas toda essa sabedoria se tornará acessível a você novamente de forma espontânea. Você aprenderá a diferenciar um cristal do outro somente pelo toque, mesmo de olhos fechados, e saberá escolher, com ajuda da intuição, o cristal certo para aliviar um problema específico — físico ou emocional —, descobrindo depois que ele é usado há centenas de anos para essa mesma condição.

O capítulo 7 trata especificamente da cura com cristais, ainda que esse seja um tema recorrente na maior parte dos capítulos.

TRABALHANDO COM CRISTAIS

Os cristais podem ser divididos a partir de três características: formato, tipo e cor. Se, ao encontrar um novo cristal, você não tiver certeza sobre o tipo dele, a cor e o formato funcionarão como guia de suas propriedades. Ao longo dos anos, você conseguirá reunir diferentes formatos, tipos e cores de cristais a fim de montar uma coleção abrangente para cada situação.

Se estiver em dúvida sobre o significado de um cristal, segure-o com as mãos em concha e permita que imagens, palavras e impressões surjam na sua mente. Essas sensações guiarão você ao melhor uso de cada cristal. Sempre que estiver incerto, pergunte-se: "Como me sinto ao segurar este cristal?". Então, seu instinto fará o resto.

FORMATO

Redondo: cristais com esse formato oferecem energias circulares e são ideais para todos os propósitos.

Pontiagudo: essa forma oferece energias direcionadas mais poderosas. Aponte o cristal pontiagudo na sua direção se quiser atrair energia, cura ou proteção e para fora caso deseje se livrar de sofrimento e negatividade.

Quadrado ou retangular: esses formatos trazem estabilidade e equilíbrio em um lar ou ambiente de trabalho hiperativo, absorvendo o mal (lembre-se de lavar esses cristais regularmente sob água corrente se estiver utilizando-os para proteção).

Oval: cristais ovais atraem amor e fertilidade e trazem abundância e felicidade à família e a todos os seus membros (incluindo os animais), liberando poderes de cura como e onde for necessário.

Alongado, cilíndrico ou em formato de bastão: essas formas oferecem prosperidade a longo prazo, sucesso na carreira, viagens seguras e proteção contra mau-olhado. Os cristais em formato de bastão podem ser utilizados para enviar um pedido ao cosmos em nome de si mesmos ou dos outros (esses cristais foram, provavelmente, as primeiras varinhas mágicas).

Esférico: cristais com esse formato, especialmente o quartzo transparente, energizam e purificam qualquer espaço ou ambiente de trabalho, atraindo prosperidade, saúde e alegria, e transformando a estagnação, a doença, a má sorte ou a negatividade em luz e boa sorte.

Pirâmide: já os cristais piramidais, especialmente os menores, são transmissores naturais de cura e poderes psíquicos, trazendo sono tranquilo, calma, unicidade e harmonia na casa ou no ambiente de trabalho.

TIPO

Quartzos: o mineral mais comum encontrado no planeta traz consigo o poder da mudança e é capaz de energizar qualquer pessoa, lugar ou situação. Sua intensidade depende de suas características físicas, podendo ser mais ou menos forte se for reluzente ou liso.

Jaspes: trazem poder e crescimento.

Ágatas: oferecem equilíbrio, proteção e estabilidade.

Fósseis: desaceleram energias e trazem sabedoria e compaixão.

Rochas vulcânicas: assim como as obsidianas, são ótimas para evitar a inércia e agem como excelentes escudos de defesa.

Geodos: quando pequenos cristais se incrustam em uma rocha (uma matriz) ou, quando se dividem, revelam duas metades cobertas de cristais. Podem remover qualquer energia negativa contida no local, expulsar espíritos e encorajar o desenvolvimento de talentos ocultos.

COR

É importante considerar tanto a cor quanto o matiz do cristal: se ele é transparente e cintilante ou de um tom mais opaco e nebuloso. Algumas cores, como o vermelho, o laranja e o amarelo são naturalmente quentes e dinâmicas, enquanto o verde, o azul e o roxo são cores mais suaves e serenas. Para testar isso, segure uma pedra vermelha em uma das mãos e uma pedra verde na outra. Quase imediatamente você sentirá as energias frenéticas e dinâmicas do vermelho e o poder mais suave e gentil do verde. Tenho um cliente cego que é capaz de identificar as energias de um cristal puramente pelo toque; com o tempo, ao desenvolver esse dom usando os centros sensitivos de energia nas mãos por meio de um poder chamado psicometria, ou toque psíquico, você será capaz de sentir instintivamente as mensagens contidas em cada um dos cristais.

As cores listadas a seguir tratam de características notáveis das diferentes cores presentes nos cristais.

Branco, claro ou reluzente

Para inovação e originalidade, novos começos, clareza, inspiração, desenvolvimento de talentos, ambição, quebra de um ciclo de azar, boa saúde, vitalidade, chegada ou restauração da prosperidade quando a sorte estiver em baixa e contato com anjos e espíritos-guias. O branco pode ser substituído por qualquer outra cor de cristal.

Pedras e cristais: aragonita, quartzo transparente, fluorita transparente, diamante, diamante Herkimer, opala, quartzo arco-íris, safira branca, topázio branco e zircônia.

Branco, liso ou opaco

Revela lentamente o potencial de alguém, protege contra negatividade, auxilia na fertilidade e na gravidez, é bom para mães, bebês e crianças pequenas, restaura a esperança, traz sucesso na escrita e na poesia, ajuda seu portador a recomeçar gradualmente após uma perda, promove a consciência intuitiva, concede desejos e realização de sonhos e invoca a presença de alguém que esteja distante.
Pedras e cristais: calcita, howlita, opala branca, quartzo leitoso, pedra-da-lua, pérola e selenita.

Vermelho

Para ação, coragem, mudança, força, determinação, poder, estâmina, paixão em qualquer âmbito da vida, potência, vitória, consumação amorosa, sucesso em competições, sobrevivência, força para lutar contra injustiças e superação de adversidades.
Pedras e cristais: ágata vermelha, jaspe sanguíneo/heliotrópio, opala de fogo, granada, jaspe, olho de tigre e rubi.

Laranja

Favorável para confiança, alegria, criatividade, fertilidade, abundância, inventividade, independência, autoestima, fortalecimento da identidade, felicidade e empreitadas criativas e artísticas.
Pedras e cristais: âmbar, aragonita, berilo, calcita, cornalina, celestina, jaspe, mookaite e pedra do sol.

Amarelo

Para foco e lógica, tino para os negócios (especialmente na área de especulação imobiliária e tecnologia), comunicação, concentração, aprendizado de coisas novas, exames e testes, empreitadas financeiras, adaptabilidade e versatilidade, mudanças de curta distância, férias breves, recuperação através de medicina convencional (principalmente cirurgias), proteção contra inveja, malícia, desprezo e traidores.

Pedras e cristais: calcita (amarela e cor de mel), crisoberilo, citrino, jaspe, crisoprásio-limão, quartzo rutilado e topázio.

Verde

Para todos os tipos de amor, fidelidade e compromisso, crescimento e desenvolvimento em qualquer aspecto da vida, aquisição de posses, boa sorte, alusão ao meio ambiente para o crescimento saudável de plantas e jardins.
Pedras e cristais: amazonita, aventurina, crisoprásio, esmeralda, fluorita, jade, malaquita, ágata-musgo e turmalina.

Azul

Favorável para idealismo, conhecimento tradicional, justiça, questões de carreira e emprego (especialmente para conseguir um novo emprego ou uma promoção), oportunidades de liderança, autoridade, viagens de longa distância ou de longa duração, mudanças de imóvel, casamento e parcerias de todo tipo, expansão de negócios, evolução financeira a partir de esforços anteriores e cura.
Pedras e cristais: angelita, aqua aura, calcedônia azul, ágata azul, celestita/celestina, cobalto, iolita, cianita, lápis-lazúli, safira, topázio e turquesa.

Roxo

Para consciência espiritual e crescimento, imaginação, sonhos significativos, trabalho com educação ou aconselhamento, banimento de mentiras do passado que ainda perturbam, recuperação de contato com amigos e membros da família e proteção (física, mental, emocional e psíquica).
Pedras e cristais: ametista, ametrino, charoíta, fluorita, lepidolita, sodalita, sugilita e titânio.

Rosa

Favorável para fazer as pazes, remendar corações partidos, reconciliar-se com alguém, remover a frieza e a tristeza do seio familiar ou do amor, ter relacionamentos familiares felizes, fazer amizades, ter mais

gentileza e doçura, resolver questões envolvendo filhotes de animais, crianças e adolescentes (especialmente garotas no início da puberdade), mulheres na menopausa, ter sorte em um amor recente ou novo, aumentar e renovar o amor e a confiança e ter um sono tranquilo.
Pedras e cristais: coral, kunzita, calcita mangano ou calcita rosa, morganita, calcedônia rosa, quartzo rosa e turmalina.

Marrom

Para estabilidade, segurança, confiança, questões práticas, acúmulo e preservação gradual de dinheiro, trabalho autônomo, aprendizado de novas habilidades (especialmente na velhice), lar, propriedade, instituições (como bancos), idosos, animais, conservação de lugares e tradições do passado, recuperação de algo que foi perdido ou roubado.
Pedras e cristais: ágata bandada, rosa-do-deserto, madeira fossilizada ou petrificada, fósseis, leopardita, quartzo rutilado, todas as pedras jaspe da cor de areia e mosqueadas de marrom, quartzo fumado, olho de tigre e zircônia.

Cinza

Para comprometimento, adaptabilidade, manter-se reservado e contido em momentos de perigo ou confronto indesejado, neutralização de energias pouco amigáveis, para manter segredos guardados e se proteger de ataques psíquicos.
Pedras e cristais: lágrima de apache (obsidiana transparente), ágata bandada, labradorita, magnetita, meteorita, hematita de prata e quartzo fumado.

Preto

Suaviza finais necessários que darão início a novos começos, banindo o sofrimento, a culpa e as influências destrutivas, ajuda a aceitar tudo que não pode ser mudado, faz com que as coisas funcionem dentro das limitações e restrições, bloqueia forças negativas ou perigosas e promove proteção psíquica.

Pedras e cristais: coral preto, opala preta, pérola preta, pedra azeviche, obsidiana, ônix, obsidiana floco de neve, tectita e turmalina preta.

CRISTAIS PRESENTES NA NATUREZA

No passado, nossos ancestrais encontravam cristais em margens de rios, à beira-mar ou em encostas de colinas. Essas pedras não eram lapidadas ou polidas, mas brilhavam entre as rochas — no exterior ou no interior delas — que precisavam ser quebradas para revelar seus núcleos resplandecentes. Se você prestar atenção, especialmente perto de água ou em locais onde há erosão de rochas, é possível que encontre os seus próprios tesouros — pedras jaspe, quartzos e ágatas —, cristais que são ainda mais potentes que suas irmãs lapidadas.

Cada região e país têm suas pedras específicas, e isso é muito significativo, pois elas carregam consigo as energias únicas da terra de cada área, o que aumenta as propriedades mágicas do cristal. Em mercados de pedras, é comum encontrar bancas dedicadas especialmente aos cristais encontrados na região, por isso é possível comprar versões mais baratas, geralmente na forma bruta, de esmeraldas, opalas, rubis ou granadas. Ainda que esses espécimes não sejam tão reluzentes, eles contêm as mesmas energias e o mesmo poder das pedras trabalhadas.

Sempre que visitar outros países ou algum lugar na sua terra natal, faça questão de adquirir amostras de cristais e rochas indígenas, pois elas não só contêm os poderes da terra como também servirão de *souvenir* e receptáculo das lembranças felizes das suas viagens. Ao segurá-los ou usá-los como ornamento, esses cristais oferecerão uma fonte imediata de alegria baseada no momento em que foram adquiridos. Isso ocorre porque eles são capazes tanto de absorver quanto de refletir as energias de sua área nativa e de seu portador.

REPOSITÓRIOS CRISTALINOS DE PODER E CURA

Compre qualquer cristal redondo e cintilante, como um quartzo transparente, um citrino amarelo, uma ametista, um quartzo rosa, ou então use o seu exemplar favorito em forma de pingente. Se não tiver nenhum cristal à mão, você pode usar qualquer pedra branca redonda que encontrar perto de casa.

Ao ar livre, segure o cristal com as mãos abertas em concha, sob a luz natural, preferencialmente quando o sol estiver brilhando e na direção da parte mais limpa do céu. Isso encherá a pedra de otimismo, energia e poder para atrair muitas coisas positivas para a sua vida. Ao fazer isso, concentre-se em um momento específico da sua vida no qual você se sentia uma pessoa livre, feliz, confiante e poderosa.

Deixe o cristal na luz natural, ao ar livre ou dentro de algum recinto, até o cair da noite. Então, erga-o na direção da lua e das estrelas (leve-o para fora caso esteja em um ambiente fechado). Se for uma noite escura e não for possível ver a lua, acenda uma vela branca ou prateada em um recinto fechado e levante o cristal para que as chamas se reflitam nele. Nesse momento, mentalize uma época na qual se sentia seguro e protegido; isso irá preencher o cristal com o poder da segurança, e a partir de então você poderá recorrer a ele sempre que sentir necessidade de proteção. Se estiver usando uma vela, deixe-a queimar até o fim. Se estiver ao ar livre, posicione o cristal sob a luz da lua ou das estrelas até a hora que você for dormir.

Na manhã seguinte, de preferência ao nascer do sol ou assim que acordar, faça um círculo de flores brancas ao redor do cristal (ao ar livre ou em ambiente fechado). Lembre-se de um período da vida em que você mais se sentiu forte, saudável e em boa forma, pois isso preencherá o cristal de poderes curativos. Não mova a pedra até o pôr do sol para que ela absorva a energia do meio-dia e do crepúsculo.

Use o cristal regularmente ou mantenha-o no centro do seu lar, em um lugar onde a luz natural e o ar circulem. Sempre que precisar de um dos poderes depositados no cristal, segure a pedra nas mãos em concha e peça aquilo de que precisa. Então, envolva o cristal com as mãos até que as energias adentrem seu corpo. Depois disso, deixe-o em uma área verde ou em uma folhagem a fim de que ele se reenergize com ajuda da Mãe Terra. Você pode reenergizar seu cristal sempre que sentir que os poderes dele estão enfraquecidos. Outro método é colocá-lo diante de uma vela branca e deixá-lo lá até que a parafina queime até o fim.

1

Explorando o Universo dos Cristais

MANUAL PRÁTICO DOS

CRISTAIS

PARA O TRABALHO COM CRISTAIS, SEJA COM O intuito de curar, atrair boa sorte, amor e prosperidade, ou para receber proteção e respostas para as suas perguntas — venham elas dos anjos ou de sua própria intuição —, você precisará de um conjunto de doze cristais redondos lapidados de cores diferentes e tamanhos similares. O ideal é que sejam do tamanho de uma moeda de cinquenta centavos. Os usos desses cristais principais serão descritos ao longo do livro, e outras pedras que possam ser úteis também serão mencionadas. Assim, você rapidamente se tornará um especialista na área.

Mantenha esses doze cristais em uma tigela perto do ponto central de sua casa. Em uma manhã que quiser, escolha um deles sem olhar, só pelo toque. Então, em voz alta ou para você mesmo, peça que seja guiado a um cristal para um propósito específico. Você pode, por exemplo, pedir confiança para falar com autoridade em uma reunião de trabalho. É possível também deixar sua mão livre para escolher o cristal que fornecerá as energias certas para o dia. O cristal faz previsões, e você perceberá que isso se reflete nos acontecimentos do dia que se desenrola. Mantenha a pedra escolhida com você durante o dia em uma sacolinha de corda ou na bolsa.

ESCOLHENDO SEUS CRISTAIS

Se você não conseguir os doze cristais listados a seguir, use um dos outros cristais mencionados na introdução deste livro, na parte sobre cores. Recomendo que visite uma loja especializada e passe a mão por cima de uma bandeja com cristais de cores e tipos similares para, intuitivamente, sentir quais são os melhores para você. Contudo, você também pode adquirir cristais por correio ou pela internet. Explicarei mais adiante como energizá-los e purificá-los para que se tornem verdadeiramente seus. Além disso, museus com seções geológicas costumam vender pedras brutas e não polidas, incrustadas em rochas, e que você pode usar para decorar sua casa ou seu ambiente de trabalho.

OS DOZE CRISTAIS PRINCIPAIS

Cristais podem ser opacos, transparentes ou translúcidos, dependendo da densidade de suas cores. Os opacos (como o jaspe vermelho, por exemplo) têm uma cor mais vibrante e não é possível enxergar através deles. Eles absorvem e transmitem energias de maneira vigorosa. Tons mais suaves têm uma ação mais delicada e lenta. Pedras brilhantes e transparentes, como o quartzo transparente, que permite a passagem da luz, são leves e mais vibrantes. Algumas apresentam linhas ou rachaduras em seu interior, mas todas transformam a energia, apesar de as de tons pastel trabalharem de maneira mais gradual. Cristais translúcidos, por sua vez, refletem a luz da superfície, como a pedra olho de tigre marrom cintilante. Esse tipo de pedra amplifica e reflete energias de acordo com sua intensidade.

1. Quartzo transparente: a pedra da força vital

A pedra do sol, da saúde, da riqueza, do sucesso e da felicidade. Esse cristal reluzente, que serve para todos os propósitos, traz consigo energia, boa sorte, prosperidade, alegria, poder de iniciativa e atrai recomeços. Segure o quartzo transparente com sua mão dominante, pense no que mais deseja no mundo, e então vá e faça acontecer.

Quando o quartzo transparente é o seu cristal do dia, sinta-se otimista e aproveite ao máximo qualquer oportunidade que muito provavelmente irá surgir no seu caminho.

2. Pedra-da-lua: o cristal da intuição

De um branco translúcido e cintilante ou de cor creme, a pedra-da-lua representa todas as fases da lua. Ela fará com que vantagens inesperadas surjam na sua vida, como a possibilidade de encontrar sua alma gêmea e viver um romance com ela. Essa pedra auxilia aqueles que estejam sofrendo de ansiedade ou passando por dificuldades de conceber. Crianças podem utilizá-la para evitar pesadelos, e ela ajuda tanto homens quanto mulheres a entrar em harmonia com seus sentimentos e ciclos naturais. A pedra-da-lua também é protetora dos viajantes e promete a realização de sonhos de longa data.

Se for escolhida como cristal do dia, a pedra-da-lua indica que você deve seguir sua intuição. Tente sempre seguir o caminho da transparência na sua comunicação com terceiros e fuja do caminho mais fácil.

3. Jaspe vermelho: a pedra da coragem e da transformação

Pedra de Marte, o jaspe vermelho oferece força e resistência em períodos atribulados nos quais não é possível descansar. Se algo estiver estagnado ou retrocedendo, o jaspe vermelho é capaz de desbloquear a obstrução e colocar a pessoa novamente no caminho certo. Use-a para ter protagonismo, superar agressores, enfrentar preconceitos e hostilidades de cabeça erguida e para proteção contra ataques físicos ou emocionais.

Se esse for o seu cristal do dia, vá atrás do que deseja e não aceite "não" como resposta.

4. Cornalina laranja: o cristal da criatividade e da independência

Sendo o cristal de Urano, a fulgurante cornalina laranja energizará sua autoconfiança e fertilidade exatamente da forma que você mais precisa, seja para conceber uma criança, lançar um novo projeto literário ou artístico seja se expressar criativamente de outras maneiras. A cornalina laranja é excelente para trabalhadores autônomos e para a descoberta de novos interesses e amigos.

Quando a cornalina é o seu cristal do dia, espere ter um excelente momento para ações independentes, seja no campo emocional, seja no trabalho. Não se diminua nem aceite a segunda opção.

5. Citrino amarelo: a pedra do aprendizado e da especulação

O citrino amarelo cristalino é a pedra do veloz Mercúrio e, com toda certeza, fará você sorrir. Esse cristal traz sucesso no aprendizado de coisas novas e é chamado de "pedra do comerciante", prometendo especulações e transações exitosas no mundo dos negócios, especialmente se envolverem compra e venda ou estudo de qualquer tipo. O mesmo vale para as áreas comunicativas e financeiramente lucrativas.

Se o citrino amarelo for o seu cristal do dia, é uma indicação de que você deve comunicar suas ideias e necessidades de forma clara, especialmente no trabalho. Experimente novas atividades, visite novos lugares e arrisque-se em vez de se conter.

6. Aventurina verde: o cristal da boa sorte

O cristal de Vênus, a aventurina verde, é um amuleto de boa sorte, por isso é chamado de "pedra do apostador". Ela serve como proteção contra acidentes de todos os tipos e é excelente para quem costuma ter uma rotina frenética ou tem filhos que vivem se machucando. Se mantiver a aventurina verde no trabalho, ela o ajudará a ter boas ideias e soluções positivas para problemas em andamento. Ela também é o cristal do amor e da fidelidade e do crescimento em qualquer aspecto da vida.

Quando escolhida como o cristal do dia, a aventurina indica que tudo que você tentar fazer dará certo, e as pessoas serão especialmente cooperativas. Arrisque-se, entre em uma competição ou jogue na loteria.

7. Sodalita azul: a pedra da sabedoria

A sodalita é a pedra do planeta Júpiter, e pode ajudar você a encontrar as melhores palavras para se expressar em vez de tomar decisões precipitadas ou agir de forma impulsiva. Ela sempre o ajudará a encontrar o melhor caminho. Essa pedra o transformará em um sábio amigo e conselheiro para seus colegas e familiares e garantirá que você tenha a chance de liderar um projeto ou outra questão pela qual tenha muito apreço. Esse cristal promete passos lentos, porém certeiros, na carreira e felicidade em uma parceria ou no casamento.

Se for o cristal do dia, a sodalita indica a necessidade de checar todos os fatos e números em uma questão que parece incerta. Procure pela vantagem em longo prazo em vez de resultados imediatos.

8. Ametista: o cristal do equilíbrio

A delicada ametista roxa, pedra de Netuno, é um cristal antiestresse, por isso diz-se que cura tudo. Ela é capaz de acalmar pessoas, animais e plantas, e restaura a energia de cristais que estejam "descarregados" (veja mais a seguir). A ametista também é excelente para afastar compulsões, fobias, pânico e raiva, tanto no lar quanto no ambiente de trabalho. Ela também suaviza todo tipo de poluição sonora, tanto as causadas pela tecnologia ou por espíritos hostis quanto as energias negativas da terra que estejam presentes em casa ou no trabalho. Também é capaz de trazer equilíbrio e racionalidade a qualquer situação, além de proporcionar calma e um sono tranquilo.

Se a ametista for escolhida como o cristal do dia, é um indicativo de que você precisa evitar conflitos; ouça sempre os dois lados de qualquer história, mas não se apresse ou se sinta pressionado por outras pessoas a atender a demandas ou prazos absurdos.

9. Olho de tigre: a pedra da vantagem

O olho de tigre, de um reluzente dourado-amarronzado, um dos cristais do sol, é uma pedra que indica benefícios pessoais e financeiros em sua vida, o que a torna um ótimo amuleto da sorte. É um excelente cristal para empreendedores e pessoas que estejam abrindo um negócio pela primeira vez e para aprender uma nova habilidade e adquirir conhecimento para uma mudança de carreira ou uma nova forma independente de trabalho. Ele também potencializa talentos artísticos, performáticos, as artes criativas, especialmente se você estiver interessado em fama e fortuna. O olho de tigre sempre reflete de volta todo o mau-olhado e a inveja.

Se for escolhido como o cristal do dia, o olho de tigre indica que você deve estar atento a chances de brilhar, fazendo questão de receber crédito pelas coisas que faz, e que não deve dar atenção a fofoqueiros ou pessoas que tenham a intenção de envolvê-lo em desavenças.

10. Quartzo rosa: o cristal da bondade e do carinho

O quartzo rosa é o cristal fada-madrinha, uma das pedras de Vênus. Ele atrai paz para o lar e para o ambiente de trabalho e traz um amor gentil e confiável para a vida de seu portador, seja em uma nova amizade, seja um novo relacionamento ou intensificando o amor dentro da família ou com alguém especial. Esse cristal é bom para reconciliação ou anulação da frieza e alivia feridas causadas por traição ou grosserias do passado. Assim como a ametista, ele traz consigo sonhos belos e pacíficos; e, como a cornalina, também é um cristal de fertilidade.

Se escolhido o cristal do dia, o quartzo rosa indica que você precisa manter a paz, seja no seio da família ou no trabalho, mas que deve ter cuidado para não ser usado como bode expiatório; boas ações serão recompensadas no futuro.

11. Hematita: o cristal do fogo oculto e da justiça

Essa pedra cinza, metálica e cintilante é o cristal de Mercúrio e de Marte, protege seu portador de todo o mal e daqueles que estejam sugando sua energia emocional, seja no trabalho, seja no lar. Chamada de "pedra do advogado", a hematita ajuda a fazer justiça em questões legais, oficiais e pessoais, além de estimular o sucesso em qualquer empreitada na qual você esteja engajado. Sendo o cristal do fogo interior, a hematita traz à tona seus talentos, independentemente de idade ou estágio da vida. Por ser uma pedra magnética, a hematita atrairá o sucesso para sua vida.

Se for escolhida como o cristal do dia, a hematita sugere que você encerre de maneira satisfatória assuntos inacabados, evitando a manipulação por mesquinharias ou chantagem emocional.

12. Ônix: a pedra da proteção

O reluzente ônix preto, pedra do planeta Saturno, é um cristal para ser usado contra o pânico, desfazendo dramas em casa ou no ambiente de trabalho. O ônix preto é bom para clarear a mente quando você precisa tomar uma decisão em meio a muitas opiniões conflitantes ou sob pressão. Essa pedra também reduz o excesso de dependência que outros têm de você e vice-versa, traz ordem ao caos e acalma a hiperatividade, o perfeccionismo e a pressão que você possa estar sentindo com a sobrecarga de trabalho. Ela também reduz os efeitos de más influências e jogos mentais que possam estar sendo usados contra você ou seus entes queridos.

Quando o ônix sai como cristal do dia, é sinal de que você deve resistir a qualquer pessoa que esteja pressionando você a mudar de ideia ou fazer concessões; é um dia em que a justiça e a verdade devem prevalecer e segredos serão revelados.

PURIFICANDO E ENERGIZANDO SEUS CRISTAIS

Ao adquirirmos cristais, independentemente da sua forma, é sempre importante torná-los nossos por meio da remoção de impressões de outras pessoas que os tenham segurado. Para isso, é preciso carregá-los com nossas energias, programando-os para propósitos específicos. É necessário purificar o conjunto completo de cristais semanalmente, especialmente após um uso intensivo, e purificar individualmente o cristal do dia após seu uso, à noite. Nas páginas seguintes, você encontrará diversos métodos de purificação. O método a ser escolhido dependerá do que você sente ser o ideal para cada situação e cada cristal.

Purificando um cristal após adquiri-lo ou após seu uso

Citrino, apofilita e cianita são os únicos cristais que não precisam de limpeza.

Água

Lave os cristais em água corrente. Isso funciona para a maior parte das pedras polidas, com exceção dos tipos mais frágeis, como a selenita, ou as metálicas, como a hematita. Após lavá-los, deixe-os em uma superfície para que sequem naturalmente.

Ametista

Faça um círculo de cristais ao redor de um pedaço grande e bruto de ametista e deixe-os assim por vinte e quatro horas; a ametista irá purificar e energizar todos eles.

Mãe Terra

Disponha os cristais em um pequeno prato sobre a terra ou em um grande vaso de plantas e deixe-os lá por vinte e quatro horas.

Fragrância

Usando um defumador de sálvia, um bastão de cedro ou um palito de incenso com fragrância de capim-cidreira, pinho, zimbro, olíbano, lavanda ou rosa, faça círculos espiralados em sentido anti-horário sobre os cristais por três ou quatro minutos. Depois, deixe o incenso queimar completamente ao lado dos cristais.

Som

Sobre os cristais, toque uma sineta ou sinos tibetanos nove vezes ou então bata em uma tigela tibetana. Faça isso por cerca de um minuto. Repita o procedimento duas vezes, até que o som se desvaneça.

Luz

Coloque cristais de cores vibrantes ou brilhantes sob a luz do sol ao amanhecer (ou na hora em que você acordar) e deixe-os assim até o meio-dia. Se o dia estiver nublado, acenda uma vela branca ou dourada, deixe-a onde a luz do sol a tocará e permita que ela queime até o fim.

Quanto aos cristais translúcidos, de cores suaves ou turvos, deixe-os à luz da lua cheia durante a noite ou permita que a chama de uma vela prateada brilhe sobre eles.

Sal

Coloque os cristais dentro de um círculo de sal ou em um prato sobre uma tigela de sal e deixe-os lá por vinte e quatro horas.

Pêndulo de cristal

Passe um pêndulo de quartzo transparente ou ametista sobre um círculo de cristais, fazendo círculos no sentido anti-horário lentamente e repetindo o processo nove vezes.

Respiração

Delicadamente, assopre três vezes sobre cada cristal enquanto o segura com as mãos em concha.

ENERGIZANDO E PROGRAMANDO CRISTAIS

Você pode energizar seus cristais após purificá-los. Segure um de cada vez na sua mão dominante e, com o dedo indicador da outra mão, pressione gentilmente a parte de cima do cristal até que sinta um latejar suave ou um calor subir pelo seu dedo. Peça em voz alta ou para si que o cristal escolhido seja usado para o bem maior e o mais elevado dos propósitos. Se você quiser utilizá-lo para um propósito específico, peça aos seus anjos da guarda, ou a Exael, Omael e Othias — os anjos dos cristais e das gemas —, que abençoem o cristal e diga sua intenção. Para energizar todos os doze cristais, coloque-os dentro de um círculo sobre uma mesa e mova as palmas das mãos cerca de dois centímetros e meio acima deles, por cerca de um ou dois minutos, usando a mão direita para fazer movimentos horários e a esquerda para fazer movimentos anti-horários ao mesmo tempo, pedindo novamente pela benção dos anjos.

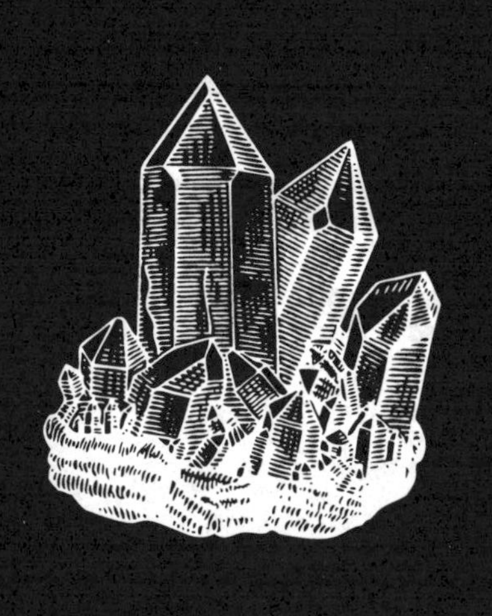

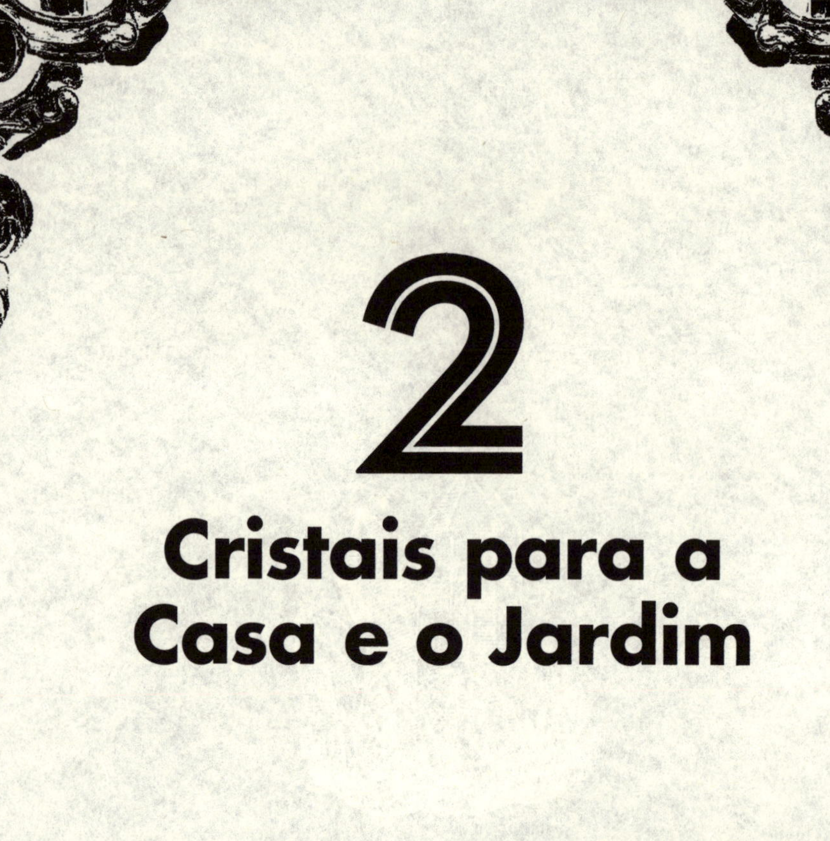

2
Cristais para a Casa e o Jardim

MANUAL PRÁTICO DOS CRISTAIS

Os CRISTAIS APRIMORAM NOSSO COTIDIANO AO atraír abundância, felicidade e harmonia para os nossos lares, protegendo não só seus portadores, como também as crianças e os animais de estimação. A essa altura, você já aprendeu sobre os doze cristais e que pode usá-los para diferentes propósitos, mas, no fim deste capítulo, apresentarei mais cinco cristais que você pode acrescentar à sua coleção, todos com funções relacionadas à casa e ao jardim. Você pode acrescentá-los aos doze cristais já mencionados e selecioná-los como cristais do dia.

Você pode colocar seus cristais favoritos, sejam eles pedras polidas, brutas ou que ainda estejam presas a pedaços de rochas, pela sua casa e fora dela, ou em vasos de plantas, se for em um apartamento, com o propósito de proteger suas fronteiras, seus familiares e sua propriedade do mal, de ameaças ou de qualquer interferência.

RITUAL DAS CORES

Há momentos em que as energias do seu lar parecem fora de sintonia, e então todo mundo parece irritado, inquieto ou letárgico. Isso ocorre porque a aura ou o campo energético sobre a casa está recebendo as impressões das pessoas que vivem ali e que podem trazer estresse do trabalho e da escola, do campo energético dos vizinhos e de visitas e até do terreno onde a casa foi construída.

Até mesmo o menor dos cristais pode gradualmente, ao longo de meses, encher a atmosfera da casa de alegria e tranquilidade, mas se você, seus familiares ou seu lar precisarem de uma explosão imediata de energia e harmonia, experimente o método a seguir. Você também pode praticá-lo antes de uma reunião social, para criar uma bela atmosfera, ou depois, quando as pessoas já tiverem ido embora, a fim de limpar as energias remanescentes, restaurando paz a casa.

Especifique o que você precisa daquele cristal; por exemplo, acalmar-se ou trazer de volta a felicidade do lar após uma discussão. Escolha um cristal dos doze intuitivamente, de olhos fechados, passando as mãos neles até se decidir. Você se sentirá mais atraído pelo cristal necessário para aquele momento e, se a cor o surpreender, é porque sua intuição natural, guiada por anjos da guarda, identificou fatores e energias subjacentes, não reconhecidas conscientemente, que precisam de reparo. Lembre-se: o cristal escolhido é sempre o certo.

Se você estiver interessado em melhorar o seu lar, posicione-se no centro da casa, segure o cristal escolhido nas mãos em concha, mantendo-as a alguns centímetros de distância do seu rosto, e inspire o ar lentamente pelo nariz, visualizando a cor cristalina da pedra. *Sinta* essa luz fluindo por todas as partes do seu corpo, acalmando-o se for uma cor fria, como o azul, ou energizando-o se for um tom quente, como o vermelho. Se a cor for necessária para você mesmo, exale um longo suspiro pela boca, visualizando uma fumaça escura repleta de estresse, ansiedade e exaustão deixando o seu corpo.

Se estiver realizando este ritual para outro membro da família (essa pessoa não precisa estar presente), um animal de estimação ou um cômodo específico da casa, imagine a fonte para a qual essa cor é necessária. Nesse caso, exale suavemente pela boca ao menos três vezes, visualizando a pessoa, o animal ou o lugar sendo completamente preenchido por essa luz cristalina. Esteja você enviando cor para si mesmo ou para outro alvo, continue a sequência em um ritmo tranquilo e constante, visualizando a cor cristalina envolvendo você — ou a quem for direcionada — em uma esfera de luz protetora, relaxante e energizante. Você pode fazer isso em qualquer lugar, até de forma bastante sutil se estiver viajando ou no trabalho; basta segurar o cristal entre as mãos em concha ou tocá-lo dentro de uma bolsinha para criar uma conexão espiritual.

CRIANDO UM ALTAR DE CRISTAIS

Para tornar seu lar um ambiente harmonioso, repleto de força vital capaz de atrair abundância e repelir o mal, esteja você em um apartamento, uma casa alugada ou uma mansão distante de três andares, crie um oásis de cristais no ponto central da sua casa. Ao fazê-lo, dentro de alguns dias, a hora das refeições se tornará mais prazerosa, estando você sozinho ou com familiares, membros da família de temperamento difícil estarão mais comunicativos e amigáveis e todo ser vivo, sejam plantas, animais ou pessoas, irá prosperar.

E o melhor de tudo: manter cristais na sua casa por um longo período, de meses a anos, ajuda a regular e equilibrar espontaneamente o fluxo de energias. Assim, você terá mais sorte e uma saúde melhor, além de melhorar os relacionamentos interpessoais dentro e fora de casa. Lembre-se de que você não precisa comprar todos os cristais sugeridos neste livro ao mesmo tempo; reserve no máximo dois para cada propósito e acrescente seus favoritos com o passar dos meses e dos anos. Mas uma coisa eu lhe garanto: assim que você começar a colecionar cristais, carregará essa paixão para o resto da vida.

Você precisará de:

- uma mesa baixa cercada de assentos confortáveis;
- pequenas velas brancas: uma para cada membro da família, inclusive os ausentes, e aqueles que já se foram, se desejar, sempre entoando uma prece ao acender as velas destinadas aos membros ausentes ou mortos. Acenda-as após o anoitecer ou conforme seus familiares chegarem à casa no fim do dia.

Posicione uma tigela contendo todos os doze cristais no centro da mesa e fique à vontade para acrescentar outros tipos pelos quais se sinta atraído. Disponha anjos de cristais em um círculo, cada um destinado a um membro da família. Essas pedras serão abordadas com detalhes mais adiante no livro, e você também pode usar o cristal do zodíaco de cada um em formato de anjo ou apenas como um cristal extra. Outra alternativa é acrescentar uma tigela de anjos de cristal. No centro, coloque uma esfera de quartzo claro, com a intenção de transformar constantemente energias negativas ou estáticas em harmonia, irradiando luz, sorte, saúde, prosperidade e atraindo energias.

Acrescente um pequeno geodo de ametista com minúsculos cristais brilhantes dessa pedra para absorver energias negativas do terreno da sua casa e para emanar tranquilidade e equilíbrio.

Além disso, é interessante ter uma pequena esfera ou pirâmide de quartzo rosa sobre a mesa para atrair e manter o amor e a lealdade do lar, transformando palavras rudes, rivalidade entre irmãos ou conflitos intergeracionais em gentileza.

Também adicione um pouco de verde, como folhagem ou plantas de vaso (não coloque flores cortadas, mas sim flores vivas para que a força vital se espalhe melhor), e, se desejar, queime óleos essenciais com fragrâncias florais ou espalhe alguns pratos repletos de mistura de rosas ou lavanda para ajudar a equilibrar as energias.

Sempre que tiver um tempo livre, sente-se em silêncio à luz de velas, só ou acompanhado de familiares, somente com o som de música ambiente ao fundo. Dispositivos eletrônicos não são bem-vindos nesse espaço. Você pode usá-lo para proporcionar às crianças uma experiência tranquila no fim do dia, à luz de velas, para que elas possam ir para a cama relaxadas e felizes. Os adultos também podem encerrar o dia em contemplação silenciosa se estiverem sozinhos ou conversando uns com os outros em vez de se fechar em seus escritórios com seus projetos, deixando o mundo externo invadir o ambiente interno através do computador e do *tablet* ou se jogando na frente da televisão até cair em um sono inquieto. Permita-se passar tempo com cristais, desacelerando o ritmo, pois é uma das melhores curas para a insônia e o estresse cotidiano.

COMO ENERGIZAR SUA CASA COM CRISTAIS

Para ter harmonia na hora das refeições, coloque na mesa um prato cheio de pequenos cristais de ágata azul, jade, calcita verde ou azul (lapidada ou bruta), opala azul andina, calcedônia azul, fluorita verde ou roxa ou uma mistura de todas elas.

Pendure cristais em cordinhas nos batentes das janelas para atrair arco-íris e, assim, alegria, saúde e abundância de todas as direções da sua casa. Você pode comprar prismas prontos, mas certifique-se de que são pedras reais e não de vidro.

Se houver escadas na porta de entrada da sua casa, cristais suspensos sobre a porta que leva ao corredor espalharão luz e positividade pela casa, encorajando a força vital a fluir até o andar de cima, impedindo-a de ser drenada pela porta da frente.

Coloque um pratinho de cristais vibrantes, como o lápis-lazúli azul e dourado, âmbar amarelo ou laranja, resina fossilizada que possa conter insetos ou folhas fossilizadas, amazonita verde, calcopirita dourada, quartzo dourado rutilado, uma bornita arco--íris iridescente ou uma pedra pavão, perto da porta de entrada da sua casa.

Caso precise de uma carga instantânea de entusiasmo antes de sair de casa pela manhã em um dia especialmente desafiador, segure o cristal que primeiro chamar sua atenção por um ou dois minutos, respirando sua energia ou então leve-o consigo, juntamente ao cristal do dia.

Tocar em um cristal brilhante, como um quartzo transparente, uma cornalina laranja ou um citrino, fará com que você seja notado em um encontro social, uma ocasião especial ou que se destaque no trabalho. Se desejar, leve-o com você em uma bolsinha de cordão.

Você também pode encher um prato de cristais mais escuros e deixá-lo perto da porta de casa, como uma obsidiana preta (vidro vulcânico), azeviche, lágrima de apache (uma obsidiana translúcida) ou quartzo fumado. Dessa forma, você pode segurar uma delas quando retornar para casa, permitindo que absorva as tensões do seu dia. Elas também são excelentes para repelir e reduzir os efeitos de vizinhos desagradáveis ou visitantes hostis. Segure um desses cristais por um minuto ou dois até que sinta a tensão ir embora. A seguir, lave-o e deixe-o secar naturalmente.

Se o seu lar parecer desequilibrado depois de uma onda de doenças, discussões, vizinhos invasivos ou se estiver se sentindo ameaçado por uma presença sobrenatural, os cristais de ametista, especialmente os geodos (minúsculos cristais de ametista agrupados em um pedaço de rocha), têm uma natureza protetora. Coloque-os no parapeito da janela de cada cômodo (podem ser pedras pequenas) ou acrescente um número maior de ametistas ao seu altar de cristais. Se desejar novos começos, use uma ametista chevron, que também tem detalhes na cor branca. Antes de colocá-las no prato ou nas janelas, segure-as entre as mãos e diga: "*Proteja meu lar e todos aqueles que aqui vivem contra toda negatividade e transforme a escuridão em luz*". Uma vez por semana, acenda um palito de incenso de lavanda sobre cada uma das ametistas, fazendo movimentos espiralados em sentido horário e anti-horário, pois isso as purificará e reenergizará.

Outra boa ideia é manter quatro jadeítes dentro de um pote com água para promover energias frescas no lar ou no ambiente de trabalho.

CRISTAIS NO JARDIM

Manter cristais no jardim, em uma varanda ou em uma área externa cheia de verde não só aumentará a saúde das plantas como também amplificará o poder delas de atrair saúde e riqueza, espalhando essas energias pela casa e entre a família. Minijardins japoneses de cristais, por exemplo, oferecem um pequeno vislumbre do paraíso. Esses jardins geralmente contêm jade, uma pedra muito associada à imortalidade.

Os cristais mais utilizados no jardim costumam ser: a ágata musgo (azul e verde); a ágata dendrítica ou árvore (verde e branca); o crisoprásio verde; a jade; a pedra jaspe verde ou de um padrão mais escuro; qualquer ágata bandada; fluorita (verde, azul ou roxa); calcita verde; e quartzo dourado rutilado. Esses cristais protegem o lar, a propriedade e o terreno de intrusos, vandalismo, roubo e mesmo de vizinhos barulhentos e difíceis.

Coloque uma ágata musgo ou dendrítica no vaso de uma planta ou uma de cada lado da porta de entrada da sua casa, a fim de que somente pessoas e energias positivas possam entrar quando a porta for aberta.

Você também pode plantar seis pedras de jade ou de quartzo rutilado em um vaso de manjericão, tomilho ou hortelã ou nas raízes de um loureiro, a fim de que a prosperidade, a saúde e as relações amorosas felizes cresçam em conjunto com as plantas.

Marque as fronteiras da sua casa usando quatro cristais de jardim (você pode misturá-los). Coloque sobre eles plantas protetoras, como bambus, cactos, loureiros, palmeiras, murtas, juniperus, espinheiros ou sorveiras-bravas.

Enterre um cristal de jardim em cada um dos quatro cantos do seu terreno ou, se você vive em um apartamento, coloque-os nos quatro cantos da sua casa, em vasos de ervas. Algumas ervas protetoras são o manjericão, o cominho, a lavanda, a salsinha, o alecrim, a sálvia, o tomilho e a vetiver. Segure cada um dos cristais antes de plantá-los e diga: "*Que os guardiões desta terra mantenham meu lar e meus entes queridos seguros de todo dano físico, psicológico e psíquico que possa ser causado por estranhos ou falsos amigos*".

Se uma planta ou árvore específica estiver murchando, faça nove círculos com um desses cristais sobre a planta e ao redor das folhas ou do tronco, primeiro em movimentos anti-horários e depois em movimentos horários, pedindo à Mãe Terra e à essência do espírito da planta ou da árvore que envie bençãos e força às raízes. Faça isso diariamente até que a planta se recupere.

Energize a água para regar flores ou plantas colocando nela uma pedra de jade e deixando a pedra imersa durante duas ou três horas antes de fazer a rega.

Mantenha uma pequena pedra de jade no fundo de um buquê de flores para que elas tenham uma vida prolongada.

CINCO CRISTAIS PARA CASA E JARDIM

Você pode acrescentar os seguintes cristais à sua coleção de doze.

1. Ágata azul

Esta pedra de Júpiter, repleta de veios e linhas brancas e comumente associada a anjos, é muito usada para acalmar crises de estresse. Ela encoraja a comunicação; leve-a consigo sempre que precisar participar de uma reunião, fazer uma entrevista ou falar em público para que seja claro, conciso e persuasivo, evitando a prolixidade. Você pode mantê-la consigo sempre que precisar fazer negociações para selar compromissos, especialmente se for com pessoas indiscretas, críticas ou assertivas demais. É uma excelente pedra para usar contra vizinhos agressivos ou barulhentos. Para lidar com colegas ou visitas desagradáveis, coloque três ágatas azuis em uma jarra de água por uma ou duas horas, depois remova-as e ofereça a água a essas pessoas. A tendência é que haja uma diminuição da criticidade e de palavras ásperas.

Se for escolhida como cristal do dia, a ágata azul indica que você deve expressar o que sente de forma calma e firme para receber uma resposta favorável. Talvez seja preciso ensinar ou aconselhar outras pessoas, portanto seja paciente.

2. Calcita verde

A calcita verde, pedra de Vênus, seja ela polida e lapidada ou bruta e parecida com gelo verde, é excelente para que *workaholics* e pessoas muito afobadas diminuam o ritmo. Ela também traz harmonia à hora das refeições e às reuniões sociais, atrai dinheiro e oportunidades através de trabalho duro e, principalmente, facilita o início de novos negócios. Esse cristal também é excelente para hábitos alimentares saudáveis e pessoas que sofrem de compulsões alimentares ou fobias. A calcita também acalma crianças hiperativas e atrapalhadas e animais barulhentos. Além disso, ela encoraja a generosidade e o ato de compartilhar. É sagrada tanto para a terra quanto para os espíritos da terra, estimulando as plantas a crescerem com saúde e ajudando na consciência ambiental.

Quando escolhida como cristal do dia, indica que podem estar lhe pedindo que dê mais de si do que virá a receber, mas que no futuro essa atitude trará muitas recompensas. Se o dinheiro estiver curto, veja se consegue conciliar seus recursos para ganhar algum dinheiro extra através de um hobby, pois tempos melhores estão por vir.

3. Quartzo rutilado

Os quartzos transparentes cheios de agulhas rutiladas douradas, prateadas ou vermelhas são cristais sagrados do Sol, restauram o equilíbrio do lar e minimizam ataques de birras de pessoas dramáticas de todas as idades. Este é o cristal dos tesouros e talentos escondidos, uma das melhores pedras para enaltecer a beleza interior e para o desenvolvimento e ganho financeiro por meio de artes criativas, artesanato, música, escrita e artes performáticas. Esse cristal atrai o trabalho certo para pessoas infelizes com a própria carreira ou que tenham acabado de ser demitidas. Ele também é bastante útil para estudos e treinamentos, especialmente depois de certa idade. Além disso, pode ajudar a superar o etarismo e auxiliar na recuperação emocional sofrida depois de uma demissão. Comumente conhecido como "cabelo de anjo", cada cristal de quartzo rutilado contém um espírito guardião que protegerá seu portador do mal.

Caso apareça como o cristal do dia, o quartzo rutilado indica que você deve continuar na busca de seus sonhos aparentemente inalcançáveis, pois você é muito mais talentoso do que pensa. Obrigue-se a seguir adiante e brilhe.

4. Ágata árvore ou dendrítica

Esse cristal branco, outra pedra de Vênus, possui padrões e veios similares a folhas verdes de árvore. Ela é um cristal de prosperidade e é excelente para *networking* no ambiente de trabalho, on-line ou em viagens ao exterior. A ágata também é ótima para conduzir atividades em grupo, reunir pessoas com uma causa ou um interesse em comum, encontrar ou se reconectar com parentes distantes, manter um namoro virtual, fazer crescer o próprio negócio ou transformar um interesse específico em uma fonte de renda.

Se for escolhida como o cristal do dia, a ágata árvore indica que é momento de cooperar com as outras pessoas e trabalhar em parcerias; aceite que, ainda que o progresso seja lento, o sucesso já está assegurado.

5. Jade

Mais comum na cor verde, embora possa variar do branco ao lilás e do amarelo ao preto, a jade ocorre em duas formas: como jade nefrita ou jadeíta. Chamada de "cristal do jardineiro" e do crescimento gradual de todas as coisas, a pedra jade também pertence a Vênus. Ela promove boa sorte na vida e nos jogos de azar, e aumenta a prosperidade naturalmente se for mantida na caixa registradora de uma loja ou perto de um computador de contabilidade. A jade também é um cristal do amor novo e recente ou na terceira idade, sendo uma promessa de amor duradouro. Na China antiga, recipientes usados para alimentação eram feitos de jade com a intenção de transferir força vital e saúde através da comida.

Quando aparece como cristal do dia, a jade indica que é o momento para pensar no futuro a longo prazo. Considere assumir um compromisso, tomar uma decisão ou fazer um investimento que esteja adiando há tempos; guarde dinheiro em vez de gastar.

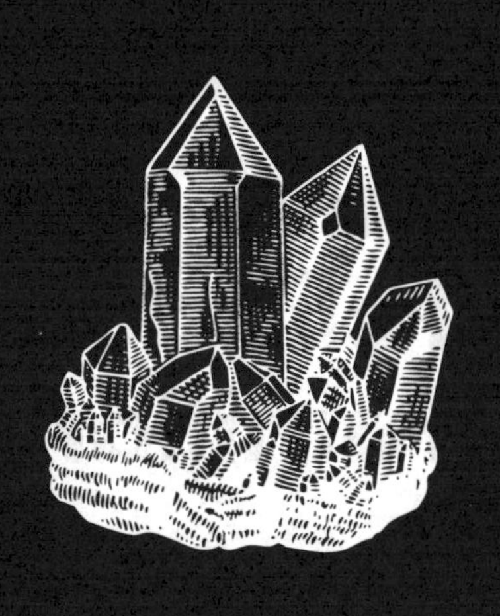

Cristais: Amor e Felicidade Familiar

DEVIDO AO SEU PODER VIBRANTE, OS CRISTAIS podem ser usados para direcionar nossa atenção a coisas que nos trazem felicidade, sejam elas amor, fertilidade, segurança, o bem-estar de nossos filhos e animais de estimação ou tudo isso. No fim deste capítulo, você encontrará mais cristais que podem ser acrescentados à sua coleção, incluindo os relacionados aos temas do amor e da família.

CRISTAIS E O AMOR

Desde o início da humanidade, as pedras preciosas e os cristais são presenteados às pessoas como símbolos de amor. Até hoje, cada aniversário de casamento tem uma pedra própria (no fim do livro há uma lista). As bodas de dois anos, por exemplo, são representadas pela granada, as de doze anos pela jade, as de treze pela pérola, as de 35 pela esmeralda, as de quarenta pelo rubi e as de sessenta pelo diamante.

Os cristais e as pedras preciosas preservam o amor ao longo dos anos, mas também têm o poder de atraí-lo ao serem usados como pingentes, anéis, pulseiras ou com outros cristais dentro de uma bolsinha de cordão, um dedicado a cada amor que seu portador já teve. Cada vez mais, vemos pessoas divorciadas ou solteiras usando um anel no anelar esquerdo adornado com sua pedra de amor favorita a fim de simbolizar o quanto se sentem completas estando consigo mesmas.

As pedras de amor abrem nosso campo energético pessoal ou nossa aura quando energizamos e em seguida usamos esses cristais. As pedras preciosas energizadas para o amor aumentam de forma espontânea nosso esplendor natural, além de atrair a pessoa certa para nós, levando-nos, aparentemente por acaso, ao local onde, de forma totalmente inesperada, conheceremos o amor verdadeiro.

Além disso, podemos "programar" cristais para intensificar o compromisso, seguir adiante mesmo quando tudo parece difícil ou até mesmo para nos reconciliarmos com alguém. Você também pode programar um cristal ou pedra preciosa e presentear a pessoa que ama. O ritual energizador de cristais a seguir tem a intenção de invocar um amor conhecido ou desconhecido, mas também pode ser adaptado para firmar um compromisso, preservar o amor em tempos difíceis ou para a reconciliação. Basta mudar as palavras sutilmente.

Energizando Cristais ou Pedras Preciosas para o Amor

Escolha uma joia (ou bijuteria) que você adora e acenda uma vela verde, a cor do amor. Olhe na direção da chama e diga: "*Acendo esta vela para invocar e manter o amor da pessoa que é certa para mim*". Passe a joia três vezes ao redor da chama da vela, em movimentos circulares em sentido horário, e diga apenas uma vez: "*Eu te invoco, meu amor, para que venha a mim e permaneça comigo, com fidelidade e afeto, pelo tempo que o sol brilhar e as águas fluírem sobre a terra, ou seja, para todo o sempre*". Assopre a vela e diga: "*Venha a mim, meu amor, e permaneça comigo eternamente*". Depois, use a joia sempre que tiver um encontro marcado, quando for a algum lugar onde possa conhecer alguém novo ou nos momentos em que sentir que é preciso, como para firmar um compromisso de casal.

Faça isso semanalmente, usando a mesma vela até que ela acabe. Em seguida, substitua-a por outra.

Cristais e Pedras Preciosas do Amor

Nesta seção, trataremos de alguns cristais que podem ser usados para rituais de amor.

Você pode adquirir rubis, esmeraldas ou granadas em sua forma bruta; funcionam tão bem quanto as joias lapidadas.

O âmbar laranja protege contra influências negativas e interferências externas, além de invocar uma alma gêmea ou amor do seu passado. A ametista resolve desentendimentos amorosos e previne contra o amor possessivo e a dependência emocional. A água-marinha azul une novamente casais separados e ajuda pessoas de estilos de vida diferentes a viverem juntas em harmonia. A cornalina laranja reaviva a paixão que se apagou em uma relação amorosa; é ótima para firmar um compromisso caso as coisas estejam indo devagar demais. O diamante traz fidelidade e proteção contra rivais ou qualquer pessoa interessada em acabar com um relacionamento duradouro. Esmeraldas, principalmente se mantidas perto da região do coração, atrairão amor mais tarde na vida. Também podem ajudar a emendar um relacionamento após infidelidade ou separação. A granada verde torna amores secretos ou proibidos mais fáceis de serem aceitos por terceiros; a granada vermelha traz diversão e romance a relacionamentos cheios de preocupação. A jade verde deve ser utilizada para novos amores, relacionamentos tranquilos e fidelidade. A jaspe vermelha é para a paixão e para superar um ex-companheiro ciumento. Uma pedra-da-lua deve ser dada para cada membro do casal para manter o amor sempre fresco, especialmente em relacionamentos a distância. A ágata musgo azul e verde pode ser usada para quando o amor floresce entre amigos ou colegas de trabalho. O quartzo rosa é bom para voltar a acreditar no amor após o fim de um relacionamento tóxico e destrutivo ou para a reconciliação. Pérolas devem ser dadas a noivas para que elas nunca chorem durante o casamento. O rubi é para o amor maduro e duradouro; ele se torna pálido quando o amor não é verdadeiro e previne ressentimento entre o casal. A safira azul é usada para o novo amor, o compromisso e a fidelidade, especialmente se um dos parceiros trabalha fora de casa. O topázio dourado é tradicionalmente usado para atrair um amante rico. A unakita verde e rosa, pedra de Marte e Vênus, é o cristal das almas gêmeas.

CRISTAIS E FERTILIDADE

Para conceber, seja através de meios naturais ou de intervenção médica, como fertilização in vitro, coloque um dos cristais listados a seguir no parapeito de uma janela durante o período da lua crescente até a lua cheia. O ideal é que sejam pequenas pedras ovaladas.

Na noite da lua cheia, espete o cristal com um alfinete prateado pouco antes das relações sexuais. Depois, deixe o cristal e o alfinete no parapeito até o meio-dia do dia seguinte, embrulhando-o em seguida em seda branca; guarde o embrulho em uma gaveta até a próxima lua crescente e, se necessário, repita o ritual.

Uma alternativa é colocar um âmbar redondo e um azeviche pontiagudo dentro de um saco de pano vermelho, dar três nós no cordão que o fecha e enfiá-lo debaixo da cama sempre que fizer amor.

Outro método antigo de concepção envolve colocar uma unakita verde e rosa debaixo do travesseiro antes da relação sexual.

Cristais da fertilidade

O âmbar laranja pode ser usado tanto para potência quanto para fertilidade, especialmente se você estiver ansioso após o uso prolongado de anticoncepcionais artificiais. A cornalina laranja é a melhor pedra para futuras mães que já são mais velhas. A pedra-da-lua é o mais poderoso dos cristais de fertilidade. Joias adornadas com a cintilante selenita branca, principalmente se utilizadas nas semanas anteriores à concepção, ajudarão o corpo a entrar em harmonia.

Cristais para a gestação e o parto

Se você ou sua parceira estiver grávida, assim que sentir os primeiros chutes do bebê escolha um cristal pelo qual se sinta imediatamente atraído ou atraída ou um dos cristais de fertilidade já mencionados. Segure-o próximo do útero sempre que estiver conversando ou cantando para o bebê e leve-o consigo para o parto a fim de encorajar o bebê a nascer do jeito mais seguro e fácil possível (isso é válido tanto para cesáreas agendadas quanto para partos normais).

Após o nascimento, mantenha o cristal próximo ao berço da criança; sempre que necessário, faça movimentos circulares com ele sobre a cabeça do bebê para acalmá-lo.

A selenita também é indutora de tranquilidade e pode ser usada durante toda a gestação, o momento do parto e todos os estágios da maternidade; além disso, é um ótimo presente para dar a uma nova avó.

CRISTAIS E CRIANÇAS

As crianças têm uma sintonia natural com as energias dos cristais. Assim que seus filhos tiverem idade suficiente para manuseá-los sem correr o risco de se engasgar, presenteie-os com uma bolsinha contendo toda uma variedade de cristais coloridos, com os quais poderão brincar, criar histórias e brincar de curar suas bonecas e ursinhos de pelúcia. Tradicionalmente, as mães criam um amuleto de proteção feito de coral ou jade e o penduram sobre o local onde a criança dorme. Outra opção, que, aliás, está muito na moda, são colares e pulseiras de âmbar.

Você também pode presentear um recém-nascido com um cristal, seja durante o batismo, seja quando for visitá-lo pela primeira vez. Antes de entregar o cristal, dote-o com um talento ou uma benção especial dedicada à criança, como uma fada-madrinha. Acrescente cristais à coleção em todo aniversário ou data especial, como o início do período escolar; assim, quando a criança se tornar adulta e deixar a casa dos pais, ela poderá levar os cristais como um símbolo de conexão com o lar.

Cristais de proteção para crianças

Muitas crianças, especialmente as mais sensíveis, sofrem de fobias, pesadelos e terror noturno, por isso um conjunto de cristais protetores na mesa de cabeceira, que seja ativado pela criança todas as noites, pode ajudar a superar o medo do escuro, de fantasmas ou de intrusos.

Ocasionalmente, em vez de contar uma história tradicional antes de dormir, peça à criança que escolha um cristal da bolsinha de cristais e, junto a ela, crie uma história sobre um anjo ou fada daquele cristal. Coloque-o próximo da criança para garantir um sono sereno e sonhos tranquilos. Peças grandes e brutas de quartzo rosa e ametista funcionam como protetores noturnos. Outra opção é comprar uma fada ou um anjo de cristal.

Cristais e crianças maiores

Se uma criança maior ou adolescente estiver sofrendo *bullying*, energize um pequeno cristal vermelho ou laranja, da escolha da criança, para que ela o leve consigo à escola em uma bolsinha ou mesmo no bolso, não só como amuleto de proteção, mas também como amuleto da sorte caso esteja tendo problemas com exames. Para energizar o cristal, acenda uma vela branca e passe-o nove vezes ao redor da chama, em sentido horário, pedindo aos anjos pela proteção e apoio necessários. Assopre a vela e faça o ritual semanalmente.

Outra opção é costurar na barra do casaco da criança um dos cristais protetores mencionados na seção seguinte.

Deixar um pote de pérolas no quarto da criança também é uma boa alternativa, pois trará a presença guardiã do arcanjo Gabriel da Lua enquanto a criança dorme. Acrescente alguns quartzos transparentes (pedra do arcanjo Miguel do Sol) para garantir proteção durante o dia.

Os melhores cristais para crianças

A angelita azul conecta as crianças aos seus anjos da guarda; também é uma ótima pedra para regular o ciclo do sono de bebês e crianças pequenas. Lápis-lazúli, uma pedra azul e dourada, ajuda crianças superdotadas que estejam frustradas com a escola e é ótima para resolver problemas de comunicação. Ágatas bandadas previnem acidentes e ajudam a acalmar crises de birra e fúria (especialmente em adolescentes). A malaquita verde e preta protege adolescentes de contatos perigosos pela internet ou de sofrerem *bullying* virtual. O olho de tigre pode ser usado contra *bullying* que ocorra fora do ambiente escolar e, além disso, impede que uma criança mais velha tenha comportamentos imprudentes por pressão de terceiros. A calcedônia rosa e branca, por sua vez, suaviza o ciúme e a rivalidade entre irmãos; também ajuda os bebês a se acostumarem mais rapidamente à vida extrauterina. O quartzo rosa é usado para tratar medos, fobias, trauma e abuso, e para promover um sono pacífico. O mangano, ou calcita rosa, alivia a agitação em bebês e crianças menores, especialmente quando estão doentes; é ótimo para mães e bebês que precisam se conectar após um parto difícil e para crianças menores superarem medos de animais ou lugares estranhos. A ametista pode ser usada por crianças de qualquer idade que estejam sofrendo de ansiedade ou com pesadelos; ela protege crianças e adolescentes sensitivos de fantasmas hostis e manifestações sobrenaturais. O citrino é uma pedra bastante útil para os estudos e retenção de conhecimento; ela também aproxima famílias postiças que venham de um novo relacionamento. A jade protege a criança contra doenças e pessoas perigosas. A madrepérola, se colocada sobre a barriga de um recém-nascido por alguns segundos, enche o bebê de amor e proteção da mãe, mesmo se ela estiver ausente.

CRISTAIS E ANIMAIS

Uma vez que os cristais são uma parte muito poderosa da natureza, eles são capazes de reconectar até mesmo os animais mais urbanizados com a terra, restaurando a saúde e a vitalidade neles e reduzindo seu mau humor e sua hiperatividade.

Independentemente do tipo de criaturas que vivem em sua casa, deixe pratinhos de cristais verdes, marrons, dourados e laranja pela casa, especialmente nos locais em que o animal descansa ou dorme. Minerais brutos ou geodos são os mais conectados às energias da terra.

Uma pedra jade verde de tom suave, se colocada no pote de água de um animal de estimação por algumas horas antes do uso (lembre-se sempre de remover o cristal antes de oferecer o líquido), mantém a saúde dele em dia e acalma um bichinho agressivo ou agitado se essa mesma água for espirrada em seu território.

Você também pode colocar uma turquesa presa à coleira do seu cachorro, no cabresto do cavalo ou ao espelho dos pássaros engaiolados para prevenir que esses animais sejam roubados ou se percam. Essa pedra também é um amuleto contra acidentes, pessoas que odeiam animais e efeitos danosos de poluentes. Se você adotar um animal de um centro de resgate, colocar peças brutas de quartzo rosa e calcita verde na entrada de sua casa pode persuadi-lo a ficar.

Os melhores cristais para animais de estimação

As ágatas bandadas nas cores marrom, castanho e rosa podem ser deixadas nos quatro cantos da cama de animais idosos ou que sofrem de doenças crônicas. Água-marinha alivia choque e trauma em animais que sofreram maus-tratos e ajuda a manter a boa saúde de peixes se for colocada em um aquário ou um tanque de peixes. O jaspe sanguíneo verde-escuro com manchas vermelhas pode ser usado para auxiliar no acasalamento de animais e impede que as matrizes rejeitem suas crias, além de ajudar animais retraídos a resistir às investidas de outros animais. O olho de tigre verde-acinzentado, amarelo ou verde e o crisoberilo verde mantêm os gatos a salvo, especialmente se costumam sair para perambular à noite ou vivem em locais de muito movimento. A pedra jaspe dálmata, com manchas pretas sobre um fundo cor de creme ou castanho, mantém os cães em boa condição e reforça a obediência deles. A rosa-do-deserto, amarronzada e áspera ao toque, protege lagartos, cobras, hamsters e porquinhos-da-índia, além de ajudar criaturas doentes ou idosas de qualquer espécie. A fluorita verde, parecida com vidro, atrai pássaros, libélulas e borboletas ao jardim. O quartzo olho-de-falcão, especialmente o azul cintilante, protege todos os animais durante viagens e períodos longe de casa; também ajuda pássaros engaiolados ou em aviários. A obsidiana floco de neve é uma pedra curativa, especialmente para cavalos que atravessam trechos movimentados, onde há trânsito de carros.

CINCO CRISTAIS PARA ACRESCENTAR À COLEÇÃO

A seguir, você encontrará mais cinco cristais para usar em questões envolvendo amor, fertilidade, crianças e animais. Se desejar, acrescente-os ao seu conjunto de cristais.

1. Âmbar

O âmbar é a pedra do sol e contém o poder de vários sóis e a alma de vários tigres, trazendo autoconfiança, aumento do carisma e do esplendor, além de fornecer coragem discreta para que você deixe uma marca única na vida e aprenda a se amar exatamente como é. Essa resina fossilizada, que pode ser de um tom translúcido de laranja-dourado, marrom ou amarelo, removerá obstáculos que você coloca no seu próprio caminho, melhora a memória recente, reduz comportamentos severos e confrontantes no ambiente de trabalho, encoraja lembranças espontâneas de vidas passadas e ajuda a encontrar sua ancestralidade.

Se for escolhido como cristal do dia, o âmbar é uma promessa de admiração e flerte inesperados, mas pense bem antes de abrir mão de um amor seguro por uma paixão momentânea.

2. Unakita

Pedra regida por Plutão, planeta que representa o fim daquilo que não é mais desejado e promove todo tipo de recomeços, a unakita (verde oliva ou cor de salmão) ajuda a priorizar de forma sistemática o trabalho, principalmente se você estiver sobrecarregado de tarefas ou exigências que demandem tempo; ela também encoraja parcerias harmoniosas no amor, em alianças ou em empreendimentos conjuntos; é uma pedra especialmente útil se você estiver trabalhando com alguém conhecido ou um amigo; e também ajuda a encontrar o que está perdido. Carregue a unakita consigo sempre que estiver correndo um risco calculado ou fazendo investimentos. Esse é um cristal de relacionamentos duradouros e felizes, por isso costuma ser colocado em uma bolsinha selada de tecido como símbolo de casamento ou compromisso; substitua-o a cada sete anos e jogue o velho cristal em água corrente.

Quando aparece como cristal do dia, a unakita indica que você deve focar as oportunidades futuras e esquecer os erros e as perdas do passado; isso o ajudará a não cometer os mesmos erros.

3. Turquesa

A turquesa, uma pedra azul-esverdeada e cheia de padrões mais escuros, é o cristal de Júpiter, a pedra suprema da liderança, autoridade, promoção, justiça e igualdade. Ajuda a aliviar o *jet lag* e o medo de voar. Protege o portador e os entes queridos dele de preconceito e *bullying* e ajuda escritores a superar o bloqueio criativo. É o cristal da comunicação e deve ser usado quando você está dando informações ou suspeita que estejam passando informações erradas a você.

Quando escolhida como cristal do dia, a turquesa indica que você deve esclarecer os mal-entendidos e evitar pessoas que tentem pressioná-lo ou chantageá-lo emocionalmente.

4. Malaquita

De cor verde-esmeralda com listras pretas, a malaquita é uma das pedras de Plutão e o cristal definitivo contra a poluição; ela também desencoraja o excesso de confiança em terceiros. Mantenha esse cristal perto de refrigeradores, geladeiras, micro-ondas, televisões, computadores, console de videogames e do seu celular, pelo menos durante a noite, pois ele neutraliza a luz fluorescente e mensagens e ligações telefônicas desagradáveis. Também ajuda a superar o medo de voar.

Se aparecer como cristal do dia, a malaquita sugere que você deve resistir à possessividade ou ao esgotamento energético de terceiros e seguir o próprio caminho.

5. Ágata bandada

Esse cristal terreno, chamado de arco-íris da terra, contém faixas concêntricas de cor (geralmente em tons de cinza, preto ou marrom) e é a pedra de Saturno. A ágata bandada ajuda a superar o amor idealizado ou não correspondido e aumenta as chances de ganhar competições de força física e resistência. É a melhor pedra para diminuir as compras compulsivas, bastando para isso guardá-la na bolsa ou na carteira. Esse cristal ajuda a equilibrar gerações diferentes e famílias que se uniram graças a um segundo casamento, além de unir pessoas diferentes ou grupos que precisem trabalhar juntos. Também é boa para quando é necessário lidar com dois empregos e transformar empreitadas criativas em algo comerciável.

Se for escolhida como cristal do dia, a ágata bandada indica que você deve considerar os dois lados de uma questão e tentar descobrir fatores ocultos que não tenha notado antes; por hoje, trabalhe e aja dentro do seu próprio ritmo.

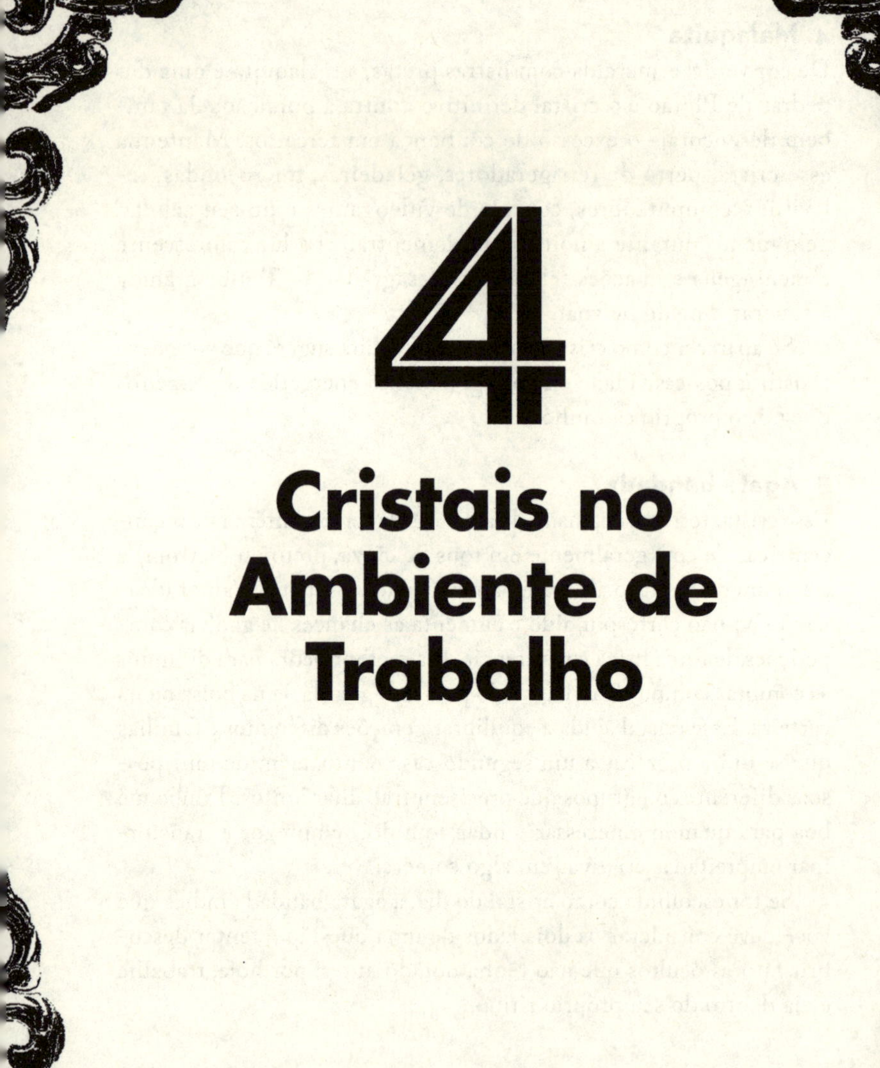

4

Cristais no Ambiente de Trabalho

HÁ VÁRIOS SÉCULOS EXISTE A CRENÇA DE QUE os cristais atraem oportunidades de ganho financeiro. Pensava-se que cristais translúcidos e brilhantes, como o citrino e o quartzo, ou pedras coloridas e vibrantes, como o lápis-lazúli, atraíam tais oportunidades naturalmente. Na verdade, elas podem ser usadas para guiá-lo, de forma quase espontânea, para a direção e as pessoas certas, que poderão ajudá-lo na carreira. Usar ou carregar consigo cristais para o ambiente de trabalho amplificará ainda mais seu poder, pois eles se harmonizarão com seu campo energético ao longo das semanas e dos meses.

O cristal mais eficaz de se manter no ambiente de trabalho é uma esfera transparente. Ela é capaz de integrar pessoas e situações quando mantida no centro de um amplo escritório ou de um chão de fábrica para promover harmonia e produtividade da equipe. Se seu espaço for individual, deixe-a próxima de um telefone ou no topo de um computador para receber ligações vantajosas, fazer boas vendas e ter um bom *networking* virtual. A pedra também transformará as energias negativas, filtrando-as antes que adentrem sua aura.

ATRAINDO O QUE VOCÊ MAIS PRECISA NO AMBIENTE DE TRABALHO

Se você estiver se candidatando a um emprego durante um período econômico complicado, pensando em abrir seu próprio negócio ou desejando uma promoção em meio a uma competição acirrada, pode dar um poder extra ao cristal que mantém no seu ambiente de trabalho. Faça o seguinte ritual por sete dias. Com um canivete, grave na parafina de uma vela azul a frase "*Esse emprego será meu*" ou "*Traga-me a promoção desejada*". Se necessário, adapte as palavras para que indiquem exatamente do que você precisa. Coloque seu cristal na frente da vela. O lápis-lazúli azul e dourado, a turquesa ou a howlita azul são as pedras ideais para uma grande empreitada, enquanto o citrino amarelo é ótimo para mudanças rápidas.

Acenda a vela e diga as palavras esculpidas em voz alta sete vezes. Depois, passe o cristal sete vezes ao redor da chama, repetindo a frase por sete vezes.

Assopre a vela e mantenha o cristal consigo. Repita o procedimento pelos próximos seis dias, reacendendo a mesma vela e colocando o mesmo cristal na frente dela. Faça isso até o sexto dia. Assopre a vela ao fim de cada ritual e, no último dia, o sétimo, deixe-a queimar até o final.

PROTEÇÃO NO AMBIENTE DE TRABALHO

A maneira mais eficaz de garantir a proteção dos cristais no ambiente de trabalho é energizar um cristal escuro e colocá-lo na sua escrivaninha ou no espaço que você ocupa. Se você costuma dirigir muito em função do trabalho, pode manter o cristal no porta-luvas do carro.

A melhor pedra para proteção no ambiente de trabalho é a obsidiana preta, o vidro vulcânico, e se houver uma atmosfera desagradável no espaço, você pode usar uma obsidiana em formato de flecha apontando para cima. A goldstone azul, de um azul escuro sarapintado de dourado como o céu estrelado, é outra poderosa guardiã e, assim como a obsidiana, atrairá sucesso e reconhecimento a você.

Todas as manhãs, antes de ir ao trabalho ou de dirigir, segure o cristal entre as mãos em concha. Assopre delicadamente três vezes sobre ele e, depois de cada assopro, diga: "*Seja um escudo para que eu possa bloquear a negatividade, a maldade e a hostilidade. Permita que somente luz e harmonia atravessem meu caminho*". Todos os dias, mencione situações estressantes, pessoas das quais deseja se proteger e quaisquer desejos ou tarefas que você gostaria que fossem realizadas. Mantenha o cristal no seu ambiente de trabalho. Lave-o semanalmente em água corrente e deixe-o secar naturalmente.

PROBLEMAS NO AMBIENTE DE TRABALHO

Se você estiver sofrendo algum assédio moral no trabalho, um problema muito comum, coloque um jaspe sanguíneo, verde e vermelho, entre você e seus agressores. Deixe um próximo ao telefone ou ao computador se trabalhar em uma agência de telemarketing ou se você precisa lidar regularmente com chamadas difíceis ou e-mails com reclamações; circule o telefone ou o computador com o cristal, fazendo movimentos anti-horários, principalmente se a ligação ou e-mail ocasionar conflito.

Utilize o jaspe amarelo para contrabalançar inveja, desprezo, mentiras e pessoas que podem causar dano à reputação. Coloque cinco pedras dessa em um pratinho no seu ambiente de trabalho ou em uma bolsinha com cordão na sua gaveta a fim de impedir fofocas sobre você; deixe-as dentro da sua escrivaninha ou do seu armário sempre que tiver um dia de folga para manter a proteção durante sua ausência.

Compre dois ou três cristais de quartzo transparente pontiagudo para que você possa colocá-los em sua estação de trabalho. Vire as pontas dos cristais para o lado de fora sempre que previr problemas ou intrusões em um futuro próximo. Já se quiser energias positivas para você ao longo do dia, deixe-os com as pontas voltadas para dentro de sua estação de trabalho.

A calcita azul afasta panelinhas, discórdia e rivalidades, além de proteger o equipamento e as posses materiais de roubo e desonestidade.

A malaquita verde e preta o protegerá dos efeitos colaterais do uso da tecnologia. Tenha uma em cada canto do seu computador ou de qualquer máquina que você use com frequência.

Se não puder deixar os cristais à mostra devido à natureza do seu trabalho, mantenha os de forma redonda dentro de uma bolsinha de cordão.

Use a cornalina laranja para protegê-lo de acidentes caso trabalhe operando maquinário ou esteja envolvido com serviços públicos, construção ou engenharia.

EQUILÍBRIO NO AMBIENTE DE TRABALHO COM AJUDA DOS CRISTAIS

A forma ocidental de equilíbrio com elementos é um método mais fácil que o *feng shui* e tão eficaz quanto, a não ser que ele seja parte da sua cultura.

O ideal é que os quatro elementos mágicos — terra, ar, fogo e água — estejam representados no ambiente de trabalho, embora em diferentes proporções, levando em consideração a natureza e o caráter da sua carreira. A seguir, você encontrará algumas associações de elementos para diferentes carreiras e ambientes de trabalho. Manter um pratinho com três ou quatro cristais associados ao seu trabalho é a melhor forma de garantir que essa mistura de elementos seja e permaneça equilibrada.

TERRA

Todos os seguintes ambientes de trabalho e carreiras se beneficiam do uso dos cristais de Terra. Sempre que houver um excesso desse elemento, é interessante equilibrá-lo com os cristais do Ar.

- **Carreiras e espaços de trabalho do elemento Terra:** funcionários de creches, cuidadores de idosos e pessoas com deficiência, veterinários e funcionários de bem-estar animal, adestradores e comunicadores, escultores e ceramistas, parteiras, banqueiros, contadores, fiscais, agente de vendas, funcionários do governo, agrimensores, desenvolvedores, artesãos, pessoas que cuidam da família em tempo integral, pedreiros, pintores e decoradores, operários, agentes funerários, negócios familiares, ambientalistas e silviculturistas, fazendeiros, padeiros, funcionários da indústria alimentícia, lenhadores, carpinteiros, jardineiros, mineiros.
- **Principais pontos positivos no ambiente de trabalho:** estabilidade, senso comum, pragmatismo, abordagem sistemática, aumento gradual da prosperidade, realismo, consciência

das limitações impostas pelo tempo e pelos recursos, lealdade, fluxo de trabalho, paciência e perseverança, atenção a detalhes, tolerância.

- **Principais pontos negativos no ambiente de trabalho:** inércia, lentidão, avareza (geralmente da parte de alguém bastante generoso), obsessão com detalhes, inabilidade de ter uma visão mais ampla do quadro geral, incapacidade de considerar abordagens alternativas, obsessão por limpeza, foco excessivo em afazeres domésticos ou economia doméstica, pessimismo, territorialismo.
- **Cristais:** a maioria das ágatas, amazonita, aventurina, esmeralda, fósseis, azeviche, malaquita, ágata musgo, obsidiana, quartzo rosa, quartzo rutilado, quartzo fumado, olho de tigre, ágata dendrítica e todas as pedras com buracos no centro.
- **Contraposição:** para equilibrar, aumentar uso do elemento Ar.

AR

Todas as seguintes carreiras e ambientes de trabalho se beneficiam do uso dos cristais do Ar. Sempre que houver um excesso desse elemento, é interessante equilibrá-lo com os cristais de Terra.

- **Carreiras e espaços de trabalho do elemento Ar:** arquitetos, urbanistas, médicos, farmacêuticos, dentistas, psicólogos e psiquiatras, vendedores e lojistas, consultores de financiamento, estudantes, todos aqueles na área da comunicação, telemarketing, fonoaudiólogos, oradores, detetives ou investigadores, motoristas ou transportadores, agentes de viagens e guias turísticos, todos aqueles que trabalham com a internet, designers de *software*, técnicos de televisão, rádio e telefone, procuradores, juízes, instrutores de academia, editores, autores, professores, pesquisadores, dançarinos e coreógrafos, músicos, exploradores, cientistas, programadores, reparadores.

- **Principais pontos positivos no ambiente de trabalho:** pensamento lógico, foco, promoção de uma mentalidade inquisidora e analítica, habilidade de se comunicar claramente, concentração, versatilidade, adaptabilidade, ser multitarefa, curiosidade, perspicácia comercial e tecnológica, altas habilidades de ganho financeiro, ingenuidade, habilidades com vendas e marketing, capacidade de trabalhar sob pressão.
- **Principais pontos negativos no ambiente de trabalho:** excesso de criticismo, sarcasmo ou piadas irônicas sobre outros, trabalho desnecessariamente apressado ou impreciso, incoerência, incapacidade de explicar ideais e pensamentos, mau humor, fofocas, excesso de liberdade com a verdade, desrespeito a cronogramas, perda de dados importantes ou esquecimento de compromissos, mudança de foco no meio do caminho sem motivo relevante.
- **Cristais:** ametista, ágata azul, citrino, quartzo transparente, danburita, diamante, lápis-lazúli, safira, sodalita, sugilita e turquesa.
- **Contraposição:** para equilibrar, aumente o uso do elemento Terra.

FOGO

Todas as seguintes carreiras e ambientes de trabalho se beneficiam do uso dos cristais do Fogo. Sempre que houver um excesso desse elemento, é interessante equilibrá-lo com os cristais de Água.

- **Carreiras e espaços de trabalho do elemento Fogo:** artes criativas e performáticas, chefs, cozinheiros e funcionários de cozinha, bombeiros, as Forças Armadas, joalheiros, fotógrafos, seguranças, policiais, mecânicos, engenheiros automobilísticos, investidores, poetas, artistas, designers de interiores, funcionários de ambulatório, equipes de resgate, qualquer pessoa que trabalhe com teatro, donos e diretores de empresa, instaladores de aquecimento central, solucionadores de problemas, todos aqueles conectados às indústrias de combustíveis e produção de gás, gasolina, petróleo ou eletricidade, ferreiros e metalúrgicos, funcionários de matadouros, açougueiros, radioterapeutas, todos aqueles que trabalham na indústria nuclear.

- **Principais pontos positivos no ambiente de trabalho:** criatividade, originalidade e fertilidade de ideias, entusiasmo, inspiração, liderança, visão ampla, coragem, maior entusiasmo, transformação de ideias brutas em criações aptas ao mercado, habilidade de reconhecer quando o trabalho não está levando a lugar nenhum e de descartar empreitadas pouco produtivas.
- **Principais pontos negativos no ambiente de trabalho:** irritabilidade e impaciência, acessos de raiva, autocracia, expectativas pouco realistas de trabalho para si mesmo e para os outros, perda súbita de interesse em um projeto, incapacidade de se desligar de um determinado assunto, maior propensão a acidentes, necessidade de construção de um império, falta de cuidado com a propriedade, riscos desnecessários, brincadeiras de cunho sexual ou inapropriadas, inflamação de paixões adormecidas no ambiente de trabalho.
- **Cristais:** âmbar, ágata de sangue e ágata de fogo, jaspe sanguíneo, pedras boji, cornalina, rosa-do-deserto, granada, hematita, piritas, jaspe, lava, obsidiana, rubi e topázio.
- **Contraposição:** para equilibrar, aumente o uso do elemento Água.

ÁGUA

Todas as seguintes carreiras e ambientes de trabalho se beneficiam do uso dos cristais de Água. Sempre que houver um excesso desse elemento, é interessante equilibrá-lo com os cristais de Fogo.

- **Carreiras e espaços de trabalho do elemento Água:** serviços sociais, comércio de exportação, medicina e terapia alternativa, enfermeiros e terapeutas, pessoas que trabalham com a saúde mental, psicoterapeutas, ludoterapeutas, consultores de beleza e de moda, floristas, todos aqueles que trabalham com a indústria da água ou hidrelétrica, pescadores e marinheiros, orientadores, escritores de ficção e livros infantis, pessoas envolvidas em atendimento ao consumidor, clarividentes e médiuns, hotel e hotelaria (também pode ser encontrado no elemento Terra), todos aqueles que produzem ou vendem álcool, funcionários de lavanderia, faxineiros, lixeiros, encanadores, instrutores de natação, pessoas que trabalham com manutenção de piscinas, vidreiros e vidraceiros, pastores religiosos.

- **Principais pontos positivos no ambiente de trabalho:** compreensão intuitiva, empatia, habilidades de negociação e reconciliação com terceiros, imaginação, habilidade de trabalhar em grupo, bom humor e gentileza, poder de antecipar as necessidades/pensamentos de uma determinada situação/pessoa, disposição para delegar tarefas, capacidade de aceitar os outros pelo que são e não por seu *status*, ótimo *networking*.

- **Principais pontos negativos no ambiente de trabalho:** tornar-se muito emotivo ao tratar de um assunto profissional, alto poder manipulativo, agir com favoritismo, assumir diferentes papéis (transita entre a fragilidade e o excesso de autoritarismo), buscar constantemente por atenção, flertar, precisar de validação constante, socialização excessiva (síndrome do melhor amigo), instigar rivalidades, ciúmes, excesso de sensibilidade ao receber críticas construtivas.

- **Cristais:** água-marinha, calcita, coral, fluorita, jade, kunzita, quartzo leitoso, pedra-da-lua, opala, pérola, selenita e turmalina.
- **Contraposição:** para equilibrar, aumente o uso do elemento Fogo.

Modificando a Mistura de Elementos

Em algum momento, a mistura deverá ser alterada. Um excesso de elementos pode ocorrer de forma espontânea no ambiente de trabalho, o que, com o tempo, pode ocasionar um número bastante alto de faltas relacionadas a estresse, panelinhas, inquietação e até mesmo demissões.

Restaurando o equilíbrio

Se o seu escritório estiver fora de equilíbrio (se, por exemplo, você e seus colegas de trabalho estiverem irritadiços sem motivo), tente utilizar alguns cristais listados na seção anterior para corrigir sutilmente esse desequilíbrio. Um ou dois elementos são mais que suficientes. Mantenha um conjunto de um ou dois cristais de cada elemento dentro de sua gaveta ou armário para substituir os cristais que estavam presentes anteriormente. Você saberá por instinto quais precisará substituir e quais precisará acrescentar para restaurar o equilíbrio.

Também é possível colocar um cristal de elemento na água por algumas horas e depois utilizá-la para fazer suco, chá ou café para todas as pessoas com as quais trabalha. Mantenha uma pequena garrafa de água "equilibradora" à mão para beber ou borrifar em pontos estratégicos. Garrafas de água mineral são ideais.

CRISTAIS PARA AUXILIAR TRABALHADORES AUTÔNOMOS

Se você possui uma loja, depósito ou pousada, direcione os negócios para a sua propriedade colocando dois quartzos transparentes pontiagudos ladeando, fora de vista, cada lado da porta ou do portão, com as pontas ligeiramente para dentro e, depois, acrescente mais pares em intervalos regulares, sempre escondidos e apontando para dentro, a fim de marcar um caminho energético invisível que irá guiar as pessoas ao seu estabelecimento. Se for uma loja, coloque dois cristais pontiagudos escondidos, também apontando para dentro, nos dois cantos frontais das vitrines. Imagine o trajeto do cliente: a forma como passa pelas vitrines ou caminha na direção das mesas para comer e, finalmente, para diante da caixa registradora. Use os cristais para direcionar os pés e o olhar dos clientes.

Adicione cristais extras ao longo desse caminho invisível, apontando para quaisquer produtos em exibição que você deseje que o cliente pare para observar e para que depois siga até o caixa.

Mantenha um prato de quartzo fumado próximo a equipamentos de segurança, como o extintor de incêndio, para proteger seu estabelecimento de incêndios, enchentes, tornados, terremotos, pessoas maliciosas, competidores implacáveis, intrusos e seus computadores contra vírus.

Também deixe um kit dentro do porta-luvas do veículo de sua empresa para protegê-lo de roubos, problemas mecânicos e o motorista de imprudências na estrada.

Lembre-se de deixar um citrino amarelo reluzente, também conhecido como "pedra do comerciante", dentro da caixa registradora, e se você tiver inaugurado um novo negócio recentemente, lembre-se de deixar à mostra a primeira nota monetária que ganhar pelos seus serviços.

OS MELHORES CRISTAIS PARA ATRAIR OPORTUNIDADES NO AMBIENTE DE TRABALHO

A ágata bandada é uma excelente pedra para restaurar a estabilidade financeira depois de uma perda, conseguir empréstimos no banco e estabilizar o ambiente de trabalho se estiver correndo risco de perder o emprego. A amazonita verde é bastante útil para mulheres que estejam começando um negócio ou desejando se dar bem em profissões majoritariamente masculinas. A calcopirita dourada pode ajudar seu portador a abrir um segundo negócio ou expandir um já existente; também é usada para se conseguir uma promoção após um longo plano de carreira. O crisoprásio verde pode ajudar a encontrar um primeiro emprego e a conseguir trabalho em um momento difícil. O citrino amarelo traz consigo rápidas mudanças de sucesso, especialmente através de especulação financeira e da persuasão. A fluorita roxa reduz a pressão desnecessária no ambiente de trabalho para fazer hora extra e levar trabalho para casa. O diamante Herkimer é útil para chegar ao topo, tornar-se líder e ganhar dinheiro através de um esquema de ações da empresa. Use o azeviche para resolver problemas com dívidas, receber um aumento de salário, estabelecer uma segunda carreira após a aposentadoria e encontrar o estabelecimento certo para os seus negócios. O lápis-lazúli colabora para que você se saia bem em entrevistas e provas. É excelente para carreiras que envolvem viagens e para organizar funções, conferências, reuniões e seminários. A pedra-da-lua é a melhor amiga das pessoas que trabalham em turnos, daquelas cujos trabalhos envolvem viagens e horários irregulares e dos trabalhadores com deficiência. A ágata musgo, assim como a ágata árvore, auxilia nos negócios de família e nas empresas de internet e é muito usada para treinamentos que levam anos para serem concluídos. Use o quartzo rutilado para transições bem-sucedidas de carreira, para encontrar trabalho após ser demitido e para uma mudança de carreira mais focada no lado espiritual ou criativo. Pessoas idosas podem carregar consigo um quartzo rutilado com o propósito de se adaptar às mudanças, especialmente às novas tecnologias.

CINCO CRISTAIS PARA ACRESCENTAR À COLEÇÃO

Estes são meus cinco cristais favoritos para a harmonia no ambiente de trabalho e sucesso na carreira. Se desejar, acrescente-os à sua coleção.

1. Jaspe sanguíneo/Heliotrópio

Um cristal do sol, o jaspe sanguíneo — de cor verde-escura com manchas vermelhas, alaranjadas ou até mesmo brancas — é uma pedra que dá coragem para enfrentar indivíduos e organizações que busquem intimidá-lo, além de auxiliar jovens que estejam enfrentando *bullying* on-line. É altamente protetora em um ambiente de trabalho muito competitivo ou se você se sente pressionado a alcançar metas pouco realistas. Mantenha um jaspe sanguíneo em um pote de vidro cheio de moedas onde a luz natural reflete para atrair dinheiro para seu lar ou negócio. Traz sorte para quaisquer competições esportivas, esteja você competindo ou apostando; também ajuda mães — animais e humanas — a criar laços com seus filhos após partos traumáticos.

Se for escolhido como cristal do dia, o jaspe sanguíneo indica que você não deve arredar pé e deve persistir educadamente até conseguir o que deseja, mesmo que as chances estejam contra você.

2. Crisoprásio verde

Esta pedra de Vênus, da cor da maçã verde ou da menta, é um cristal da fertilidade, especialmente útil se você estiver tentando engravidar de um segundo filho. Ele ressuscita o amor em um relacionamento após um contratempo, como traição ou alguma interferência exterior. Esfregue uma dessas pedras sobre o envelope que contiver quaisquer inscrições ou cartas que precise enviar envolvendo emprego, dinheiro ou um novo negócio; sempre segure um crisoprásio sobre o mouse do computador antes de se inscrever pela internet para uma vaga ou para pedir financiamento empresarial.

Quando escolhido como o cristal do dia, o crisoprásio indica que, quando você menos espera, e pela fonte mais surpreendente possível, uma nova oportunidade pode tirá-lo de um impasse e abrir novos caminhos futuros.

3. Fluorita

A fluorita roxa, pedra de Netuno, é um cristal calmante, desestressante e capaz de direcioná-lo aos sonhos e ideias que podem ser expressados de forma prática no ambiente de trabalho. Ela desacelera adultos e crianças hiperativos para que possam alcançar seus objetivos e ajuda *workaholics* a fugir do *burnout*. É uma ótima pedra para negócios espirituais, como terapeutas e curandeiros que usam seus dons para ganhar a vida. A fluorita eleva o nível ético e espiritual em ambientes de trabalho muito empresariais e materialistas, onde a regra é cada um por si. Esse cristal também é muito útil para crianças e adultos que se sentem deslocados no mundo, ajudando-os a valorizar sua singularidade.

Caso apareça como cristal do dia, a fluorita roxa indica que o que você deseja pode não ser a opção mais viável financeiramente, mas que você não deve ceder em relação a seus princípios.

4. Lápis-lazúli

O lápis-lazúli salpicado de azul e dourado é a pedra do sábio Júpiter. No lar, esse cristal encoraja a lealdade familiar. O lápis-lazúli inspira a confiança de seus superiores, especialmente se você tiver que substituir um funcionário mais antigo. Ele encoraja um avanço constante e estável na carreira e é o melhor cristal para crianças dotadas e pessoas que estejam no espectro autista. O lápis-lazúli também é muito associado ao acúmulo de riquezas e propriedades e ao alcance do estrelato por meio de artes criativas ou performáticas. Também utilize essa pedra quando estiver buscando justiça por meios legais.

Se for escolhido como cristal do dia, o lápis-lazúli indica que você pode ser convidado a tomar a liderança ou ter a chance de avançar em suas ambições. Deixe para lá as pessoas mesquinhas e as tentativas de jogo duplo.

5. Obsidiana

Obsidiana, a pedra de Marte, um cristal vulcânico preto, ajuda tudo a correr com suavidade, desde a organização de uma festa para a empresa até a execução de um projeto multimilionário. É uma pedra altamente protetora contra aqueles que tiram vantagem de artistas; use-a como defesa contra pessoas agressivas ou em uma disputa para receber indenização de uma empresa ou órgão do governo.

Caso seja escolhida como cristal do dia, a obsidiana indica que você tem mais poder do que acredita ter e que deve usá-la se não tiver medo de desafiar o *status quo*.

Amuletos para Viagens Seguras, Prosperidade e Boa Sorte

NOS CAPÍTULOS ANTERIORES, VOCÊ APRENDEU A energizar cristais para diversos propósitos, como amor, fertilidade e carreira. Ao fazer isso, criamos *amuletos*, símbolos que contêm poder e proteção que podem ser liberados por semanas, meses ou até mesmo anos.

O termo *talismã* é usado sempre que energizamos um cristal para um objetivo e um período específicos (por exemplo, para estudar e passar em uma prova daqui a seis semanas).

Uma *bolsinha mágica*, a bolsinha com cordão, guarda uma coleção completa de cristais, cujos poderes e significados individuais, quando combinados, ajudam a criar um foco contínuo no propósito desejado.

ENERGIZANDO CRISTAIS E CRIANDO AMULETOS E TALISMÃS

Selecione o cristal (ou os cristais) ideal para sua necessidade a partir dos listados nos capítulos anteriores. Acenda um palito de incenso de lavanda, rosa ou olíbano e, usando-o como uma caneta de fumaça, escreva no ar, alguns centímetros acima dos cristais, o que deseja e o tempo em que seus objetivos precisam acontecer. Diga as palavras em voz alta conforme as escreve. Isso gravará suas palavras no éter, o espaço mágico onde os desejos se tornam realidade. Nos dias que se seguirem, sempre que tocar o cristal ou a bolsinha mágica você irá liberar essas energias na sua vida.

Se a questão estiver em andamento, uma vez ao mês, na noite de lua cheia, deixe os cristais sobre o parapeito de uma janela para que eles recebam as energias dos raios lunares. Mais adiante no capítulo, há uma descrição sobre como combinar diferentes cristais em uma bolsinha mágica a fim de misturar e harmonizar a proteção e o poder necessários.

CRISTAIS DE VIAGEM

Viagens estão entre os principais motivos para os quais precisamos da proteção de um amuleto ou bolsinha mágica de cristais. As pedras listadas a seguir são especialmente eficazes.

Kunzita e sugilita

Esses cristais são os melhores amigos dos motoristas. A kunzita, roxa e estriada, e a compacta sugilita, preta e roxa, quando mantidas no porta-luvas do veículo, previnem encontros com motoristas imprudentes, tráfego intenso, acidentes e cansaço em longas jornadas. Além disso, também tranquilizam passageiros difíceis e reduzem enjoos.

Sodalita

A sodalita, um cristal azul-escuro e branco, ajuda seu portador a superar o medo de voar. Coloque uma pedra dessa dentro de uma garrafa com água e use-a para beber ou borrifar em pontos específicos durante a decolagem e a aterrisagem do avião, principalmente quando estiver passando por uma turbulência. Outra possibilidade é usá-la como pingente e tocá-la sempre que se sentir assustado.

Quartzo fumado

Carregue consigo um quartzo marrom ou cinza fumado sempre que viajar sozinho tarde da noite ou estiver passando por uma área cheia e potencialmente perigosa. Visualize-se inalando fumaça cinzenta e nebulosa e exalando seus medos através de uma luz vermelha opaca que funcionará como escudo e o tornará mais discreto e menos visível à hostilidade.

Turquesa

A turquesa, ou sua prima mais barata, a howlita tingida de azul, cobre qualquer eventualidade, protegendo aventureiros de qualquer idade, afastando doenças ou infecções em países com menos saneamento básico, impedindo animais e crianças pequenas de se perderem ou de se machucarem no passeio e evitando que os viajantes sejam vítimas de leis e costumes locais.

Os melhores cristais para uma viagem feliz e segura

A amazonita verde é a melhor pedra para férias mais aventureiras, que envolvem acampamentos ou visitas a lugares perigosos do mundo; também é boa para quando se vai de bicicleta até o trabalho. A água-marinha azul-clara ou verde é bastante útil para viagens marítimas, cruzeiros e deslocamentos de longa distância. A aventurina azul ajuda a evitar transtornos na viagem, como perda de bagagem, passaporte e dinheiro. O quartzo olho-de-falcão (equivalente ao olho de tigre azul) ou qualquer pedra de olho de algum felino o impedem de se perder enquanto está dirigindo (especialmente à noite) e de ser enganado durante a viagem, além de manter seguros os mochileiros e estudantes em ano sabático. A jade verde previne doenças em viajantes solitários e idosos. A pedra-da-lua azul ou amarela ajuda com o *jet lag* quando se vai para uma região de fuso horário diferente. O olho de tigre vermelho protege contra pessoas embriagadas ou usuários de drogas, especialmente à noite, em trens, metrôs e ônibus. A pedra-do-sol, laranja e dourada, é ótima para férias felizes, ajudando seu portador a conseguir os recursos necessários para viajar e para mudanças para o exterior.

CRISTAIS DA PROSPERIDADE

Para atrair dinheiro, especialmente se você estiver passando por problemas financeiros, coloque no seu altar de cristais um pratinho com quartzos transparentes misturados com citrino (deve haver sete no total: quatro citrinos amarelos e três cristais de quartzo transparente). Deixe o prato em um lugar onde receberá a luz da chama de velas e acenda uma vela amarela próxima a ele uma vez por semana. Segure o pratinho de cristais próximo das chamas e diga sete vezes: "*Não tenho ouro e não tenho prata. Que a boa sorte venha a mim e o dinheiro chegue como cascata*".

Olho de tigre dourado

O olho de tigre é usado para adquirir recursos de forma gradual ou urgente. Ele também impede o esgotamento desses recursos. Use-o para começar e manter um fluxo de dinheiro, para garantir que ele continue chegando até você em longo prazo e para estimular a poupança.

Coloque um olho de tigre em uma pequena tigela de cerâmica com tampa, como um pote de açúcar. Acrescente nela uma moeda dourada e uma prateada todos os dias; mantenha o pote em um lugar quente para incubar simbolicamente a riqueza. Quando ele estiver cheio, coloque o dinheiro na sua poupança; deixe o olho de tigre lá dentro para recomeçar sua coleção de moedas logo em seguida.

Olho-de-gato

O olho-de-gato, amarelo ou esverdeado, traz boa sorte financeira, além de proteger seu portador contra a maldade e a inveja. As pessoas costumam usar o mesmo olho-de-gato por anos para que a força e boa a sorte dele cresçam com o tempo; tradicionalmente, ele costuma ser comprado ou adquirido às quartas-feiras, quintas-feiras ou sextas-feiras.

Os melhores cristais para atrair prosperidade

A ametista reduz a tendência de esbanjar, apostar e fazer investimentos ruins. A calcopirita dourada polida traz grande infusão de dinheiro através da venda de tesouros encontrados em bazares, mercado de pulga, vendas de garagem ou no depósito de sua própria casa. A goldstone, bronze e sarapintada de ouro, atrai dinheiro inesperado que pode chegar por meio de um bônus, reembolso ou presente. Piritas metálicas são boas para vantagens financeiras consistentes, dissuadindo seu portador de tomar decisões equivocadas e são redutoras naturais de dívidas. As pérolas simbolizam prosperidade proveniente de começos discretos. Comece com uma única pérola e, a cada vez que tiver um pequeno sucesso, acrescente outra à coleção para aumentar suas energias. Mantenha um peridoto verde na bolsa ou na carteira, junto aos cartões de crédito, para atrair dinheiro e um junto ao celular, tablet ou computador para impedir furtos e assaltos.

CRISTAIS PARA BOA SORTE

Talvez você já tenha uma joia da sorte, e ela pode ser energizada semanalmente para potencializar seu poder de atração de fortuna. Quanto mais carregá-la consigo ou usá-la, mais fortes serão suas energias de boa sorte.

Os cristais do zodíaco trazem muito boa sorte, por isso eu os listei no capítulo 8 deste livro, na seção de cristais personalizados.

Se você viveu um período de má sorte recentemente, acenda uma vela de cor escura e uma vela branca. Coloque o cristal, seja ele da lista a seguir ou o seu favorito, na frente da vela branca. Salpique pimenta nas chamas da vela escura enquanto diz: "*Que a má sorte se vá*". Na vela branca, salpique sal e diga: "*Queime forte e ilumine o caminho da boa sorte*". Assopre a vela escura e deixe a branca queimar até o fim.

Quartzo turmalinado

Transparente e com fios pretos de cristal em seu interior, o quartzo turmalinado transforma o infortúnio em boa sorte e pode ser usado na energização mencionada na seção interior. Ele deve ser carregado dentro de uma bolsinha ou carteira branca sempre que precisar de boa sorte para algo específico.

Cristais de arco-íris

Qualquer cristal com um brilho iridescente em forma de arco-íris, como a obsidiana arco-íris ou o quartzo arco-íris transparente, com as sete cores refletidas no seu interior, é uma pedra dos desejos. A obsidiana, por exemplo, reverte a má sorte na carreira ou nos negócios. Segure cinco pedras polidas nas suas mãos em concha, sacuda-as vigorosamente cinco vezes, jogue-as e depois as recolha, dizendo: "*Que a má sorte se vá*".

O quartzo arco-íris promete felicidade e restauração da boa sorte da forma que você mais necessita. Segure-o na direção da luz para refletir o prisma e faça um pedido.

Os melhores cristais para atrair boa sorte

Os jaspes sanguíneo vermelho e verde são excelentes para competições esportivas, treinamentos ou partidas; deixe-os na sua bolsa esportiva ou costure-os na bainha de uma roupa de ginástica. A goldstone azul-escura e sarapintada de dourado, cristal de todos os artistas e criadores, traz um golpe de sorte ou um bom contrato; toque-a sob a luz das estrelas e visualize sua grande chance se materializando. A goldstone bronze é um amuleto da sorte para competições, jogos de azar e loteria; use-a como joia e veja como seu poder se acumula com o tempo. A jade verde reverte a má sorte, seja no amor, no dinheiro ou na carreira, após uma série de acidentes ou doenças. O jaspe verde traz consigo a compensação merecida após um tratamento injusto. O quartzo fumado protege contra infortúnios causados pelo olho-grande, maldições e feitiços de terceiros. A estaurolita, uma pedra cinza ou preta com uma cruz incrustada, é um amuleto que atrai boa sorte e proteção (muito usado por Theodore Roosevelt, ex-presidente americano). Carregar consigo uma pedra-do-sol e uma pedra-da-lua ao mesmo tempo garante boa sorte e proteção contra as adversidades do dia e da noite.

FAZENDO UMA BOLSINHA MÁGICA DE CRISTAIS

Bolsinhas mágicas oferecem boa sorte e proteção. Elas costumam conter três, cinco ou sete cristais, que podem ser do mesmo tipo (para ter poder extra) ou uma combinação de diferentes pedras. Você pode usar uma carteira ou um saquinho de tecido com cordão.

Verde é a cor de maior sorte, mas você também pode fazer bolsinhas para prosperidade (amarelo para resultados rápidos e azul para riquezas duradouras), viagens (verde), amor (rosa ou verde) e fertilidade (laranja). Confira os significados de cada cor na introdução deste livro. Algumas misturas de cristais são tradicionais nas bolsinhas mágicas. Contudo, você pode escolher combinações diferentes para propósitos específicos.

Quando três amazonitas brancas e verdes e três aventurinas verdes são colocadas juntas em uma bolsinha mágica, elas atraem boa sorte em jogos de azar, jogos de loteria, competições e em toda forma de especulação. Guarde na bolsinha, junto aos cristais, ingressos e outros tipos de bilhetes de competições.

Outra opção envolve três amazonitas, um pouco de manjericão e hortelã seco. Deixe a bolsinha diante de uma vela turquesa até que ela queime por inteiro. Mantenha-a perto do computador sempre que fizer apostas ou inscrições on-line e para ter sorte em aplicativos de namoro.

Coloque sete olivinas cor de oliva, ou então sua gema-irmã, o peridoto verde-garrafa, em uma bolsinha mágica verde para ter prosperidade contínua e garantir que nunca será enganado.

Carregue consigo cinco olhos-de-tigre em uma bolsinha amarela ou dourada sempre que precisar lidar com o mercado de ações, estiver considerando investir em propriedades ou se reunir com alguém que tenha lhe feito uma oferta. Toque a bolsinha e você *saberá* se aquela oferta é boa de verdade ou boa demais para ser verdade.

Confeccionando a bolsinha mágica

Acenda uma vela da mesma cor que o tecido da bolsinha e coloque os cristais escolhidos em um pratinho diante da vela. Você pode combinar diferentes cristais para ter uma bolsinha que sirva para todos os propósitos, por exemplo: turquesa para viagens seguras; jade para amor duradouro e boa sorte; um cristal arco-íris para que seus sonhos se tornem realidade; goldstone para boa sorte inesperada; quartzo fumado para proteção contra mau-olhado. Você pode, inclusive, fazer uma bolsinha para cada membro da sua família.

Se desejar, acrescente o seu cristal do zodíaco (veja o capítulo 8) ou o da pessoa a quem a bolsinha se destina. Ao segurar os cristais nas mãos abertas diante da chama de uma vela, nomeie três vezes o propósito da bolsinha, para quem ela se destina, por quanto tempo, e diga: "*Que somente o bem e a luz preencham esses cristais*". Acrescente uma pedra de cada vez ao saquinho, nomeando seu propósito específico ou, se forem todas do mesmo tipo, repita só o propósito da bolsinha mágica.

Energizando a bolsinha mágica

Feche a bolsinha ou amarre-a com três nós e coloque-a na frente da vela. Acenda dois incensos de fragrâncias florais com a chama da vela. Segurando um palito de incenso em cada mão, faça movimentos horários com a mão dominante e, com a outra, faça movimentos anti-horários, alguns centímetros acima da bolsinha de cristais, em um ritmo constante e suave. Quando sentir que os cristais estão repletos de poder, assopre as velas e deixe os incensos em porta-incensos, um de cada lado da bolsinha, para que queimem até o fim.

Conservando o poder mágico

Uma vez fechada, a bolsinha não pode ser aberta. Se ela for destinada a outra pessoa, entregue-a a ela o mais rápido possível após sua confecção. Se isso não for possível, nomeie a bolsinha para aquela pessoa e mantenha junto dela uma fotografia do indivíduo a que está destinada. Além disso, você pode criar bolsinhas ainda menores para levar consigo para todos os lugares, dentro de uma bolsa de mão, no bolso ou no porta-luvas do seu carro. Duas ótimas escolhas de cristais para isso são a kunzita e a fluorita. Na bagagem, você pode manter uma bolsinha com uma mistura de sodalita, calcedônia azul e olho de tigre vermelho. Leve-a consigo em momentos cruciais, como antes de uma entrevista de emprego.

CINCO CRISTAIS PARA ACRESCENTAR À COLEÇÃO

Aqui listo mais cinco cristais que você pode acrescentar à sua coleção. Não importa quantos cristais você tenha ao escolher o do dia; as energias certas sempre serão reveladas, independentemente da quantidade de pedras.

1. Amazonita

A amazonita azul, verde ou turquesa é a pedra do poder feminino e protege mulheres, especialmente as que estejam sozinhas, otimizando seu potencial e ajudando-as a superar relacionamentos tóxicos em casa ou no trabalho. Ela também traz sorte, tanto para homens quanto para mulheres, colaborando para que seu portador receba prêmios por mérito.

Coloque nove amazonitas em círculo no seu ambiente de trabalho para que atraiam novos negócios caso você seja um trabalhador autônomo/empreendedor ou uma promoção e independência se estiver trabalhando em uma empresa. É uma pedra excelente para negócios focados em mulheres.

Se for escolhida como cristal do dia, a amazonita indica que você será capaz de superar preconceitos ou injustiças que esteja vivenciando e obter o respeito e a apreciação que merece.

2. Goldstone azul

Esse belo cristal azul e dourado parece o céu noturno cheio de estrelas e indica que podemos conquistar qualquer coisa só com nosso próprio esforço, uma vez que essa pedra fantástica foi criada pelos humanos. A goldstone azul é a pedra dos atores e das atrizes, dos artistas performáticos e de todos aqueles envolvidos com teatro, casas editoriais, arte ou mídias que proporcionem o estrelato. Também é o cristal daqueles que trabalham e viajam à noite. Outra função dessa pedra é prevenir que os erros do passado voltem a acontecer. Acima de tudo, ela é um cristal dos desejos. Assopre sobre uma goldstone em uma noite estrelada e sussurre seus desejos para ela.

Quando escolhida como cristal do dia, a goldstone azul sugere que você deve agarrar as oportunidades, pois você está mais que pronto para causar uma boa impressão.

3. Goldstone

A versão original dessa pedra mágica, vermelho-bronze e dourada, reduz o retraimento crônico, que torna a socialização um sofrimento, além do ato de comer ou falar na frente de outras pessoas. Por atrair sorte e dinheiro, a goldstone ajudará você a viver de seus talentos e criações. É uma pedra de transformação que mudará sua vida; você não fará mais de tudo para agradar os outros ou tentará se encaixar na multidão, mas sim aprenderá a se amar por quem e pelo que você é.

Caso apareça como cristal do dia, a goldstone mostra que você precisa relaxar, se divertir e não se importar com o que os outros pensam de você.

4. Piritas prateadas

As piritas metálicas e prateadas têm buracos naturais em sua superfície e fornecem proteção contra pessoas controladoras, excesso de criticismo e manipulação, especialmente quando vêm do cônjuge, de um genitor ou do patrão. Mantenha-as próximas de seu computador ou celular para não sofrer golpes ou fraudes. Essas pedras são um lembrete de que você não deve aceitar a segunda opção ou a saída mais fácil. As piritas devolvem os pensamentos negativos e os ataques psíquicos a quem os envia e melhoram a memória e a concentração.

Se for escolhida como pedra do dia, a pirita indica que uma barganha ou uma oferta aparentemente perfeita pode ser a resposta para todos os seus problemas, mas é melhor analisar com cuidado para certificar-se de que não há falhas ou intenções ocultas.

5. Pedra-do-sol

A pedra-do-sol, laranja e dourada com um brilho iridescente, é a pedra da felicidade e gera muito entusiasmo, ainda que você esteja cercado de pessoas negativas. Carregue-a consigo sempre que iniciar um novo esporte ou uma dieta para conseguir o ímpeto necessário para perseverar. Mantenha-a próxima de seu computador se estiver fazendo propaganda dos seus serviços on-line ou para aumentar os efeitos positivos de seu perfil nas redes sociais ou nos aplicativos de namoro. A pedra-do-sol reduz a dependência emocional e a necessidade de validação dos outros.

Se for escolhida como o cristal do dia, a pedra-do-sol promete que bons tempos virão; aproveite o presente sem pensar se a felicidade irá perdurar (pois ela irá).

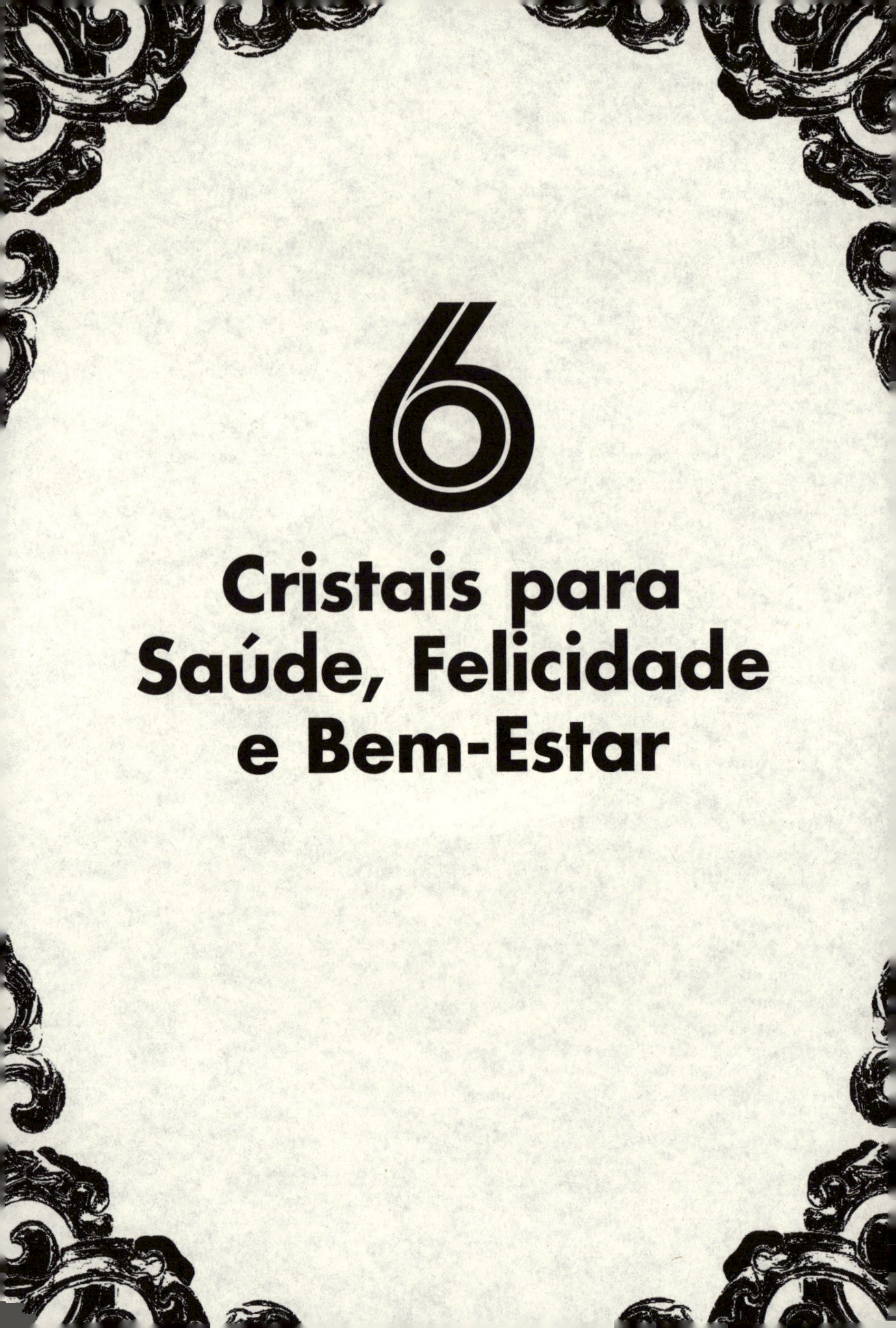

6

Cristais para Saúde, Felicidade e Bem-Estar

UM DOS PAPÉIS MAIS IMPORTANTES DOS CRISTAIS é a habilidade de produzir e preservar, naturalmente, a saúde, a felicidade e o bem-estar nas nossas vidas.

USANDO CRISTAIS E VELAS COLORIDAS PARA INDUÇÃO DE CALMA E SONO TRANQUILO

Velas da mesma cor de um cristal amplificam seus poderes. Caso esteja se sentindo estressado ou incapaz de relaxar, os cristais e as velas são capazes de restaurar seu arco-íris interior para que você passe o resto da noite calmo e vá para a cama sentindo um sono bom.

No seu altar de cristais, faça um círculo com as principais cores do arco-íris: vermelho, laranja, amarelo, verde, azul e roxo. No centro dele, coloque um cristal branco. Atrás de cada cristal, acenda uma vela da mesma cor. Então, sente-se confortavelmente e observe o arco-íris. Visualize raios coloridos saindo dos cristais e das velas e um raio branco sendo emitido pelo cristal no centro. Imagine essas cores se movendo lentamente, como uma roda de luz, envolvendo-o em uma bolha de arco-íris. Ao respirar lentamente pelo nariz e soltar pela boca, veja as cores do arco-íris se fundindo em luz branca e dourada e adentrando seu corpo, subindo desde os seus pés e, ao mesmo tempo, derramando-se sobre você e ao seu redor, tornando a bolha que o circunda branca e dourada. Feche os olhos e sinta o calor emanando dessa bolha, dizendo continuamente para si mesmo ou em voz alta: "*Eu sou pura luz*". Gradualmente, você se conectará com a sua respiração. Quando estiver pronto, abra os olhos e passe o que resta do tempo antes de dormir ouvindo música tranquila. Algumas pessoas gostam de usar a música durante o processo todo.

MANDALAS E GRADES DE CRISTAL PARA O BEM-ESTAR

Você pode fazer uma mandala de cristais e colocá-la ao seu redor, sobre sua cama, sua cadeira, em um cômodo específico, ao redor de alimentos e bebidas ou utensílios; também pode colocá-la ao redor do computador ou de suas ferramentas de trabalho; ou usá-la para envolver a fotografia de uma pessoa ou de um lugar que precise de um pouco de paz. Releia os capítulos anteriores para descobrir as diferentes possibilidades de uso dos cristais, que dependem apenas de seu talento ou de sua imaginação.

Inicialmente, use um conjunto com nove cristais de quartzo rosa pequenos ou nove cristais de ametista para invocar calma e equilíbrio, e um segundo conjunto de quartzos transparentes ou citrinos amarelos para a energização. Ao longo do tempo, compre nove cristais vermelhos, laranja, amarelos, verdes, azuis, roxos, cor-de-rosa, marrons, cinza e pretos. Você pode misturá-los e combiná-los dentro de suas mandalas ou grades de cristais.

UMA MANEIRA ALTERNATIVA DE PREPARAR ÁGUAS CRISTALINAS

Se quiser uma lista detalhada de cristais que podem ser depositados diretamente na água, confira meus outros livros sobre o tema: *The Complete Crystal Handbook* [O Guia Completo dos Cristais] ou *The New Crystal Bible* [A Nova Bíblia dos Cristais].

Cristais que não devem ser colocados diretamente na água devido às suas composições químicas e suas propriedades físicas: azurita, cinábrio, todos os tipos de cobre, crocoíta, qualquer mineral que contenha eritrita ou fuchsita, halita, lápis-lazúli, malaquita, meteorita, selenita, turquesa ou vanadinita.

O método para criar o seguinte elixir espiritual é tão eficaz quanto deixar a pedra de molho na água. Encha uma tigela com água até a metade e coloque no centro dela um pequeno e pesado recipiente de vidro, selado ou não, para flutuar (pode ser um velho pote de maquiagem com tampa de rosquear, por exemplo). Segure cada um dos cristais por um tempo e depois deposite um de cada vez dentro do recipiente, dizendo qual é sua intenção ao preparar o elixir. A seguir, deixe a tigela próxima de uma janela para receber luz natural por vinte e quatro horas. Encha suas garrafas com a água do recipiente.

Usando as águas cristalinas

Acrescente essas águas à água do banho, use-as para umidificar uma flanela ou acrescente-as ao xampu ou ao sabonete líquido. Borrife-a na raiz dos seus cabelos, no rosto, no pescoço e nos pulsos (cornalina, âmbar e fluorita transparente são as melhores pedras para essas áreas) para refrescar-se durante o dia ou sempre que se sentir cansado, pressionado ou letárgico.

Faça massagens com o elixir em membros e juntas doloridas (a aragonita laranja ou amarela é excelente para isso) ou na testa e nas têmporas para aliviar dores de cabeça (quartzo rosa); a ágata azul ou água-marinha deve ser esfregada na base do pescoço para ajudar a expressar ideias e sentimentos claramente e sem parecer agressivo. Use as águas para deixar o cabelo brilhante e saudável (pedra-da-lua) e para fazer bochechos para melhorar o hálito (citrino ou crisoprásio).

Faça chá, café ou bebidas frias para as pessoas ao seu redor usando algumas gotas de água com cristais verdes ou azuis, principalmente se o clima estiver tenso, seja em casa, seja no trabalho.

Para reduzir o estresse residual do trabalho e evitar a insônia, prepare drinques antes de dormir com água de fluorita roxa ou jade.

Borrife água de quartzo fumado ou rutilado ao redor da casa ou do ambiente de trabalho para se proteger de sarcasmo, fofocas, ressentimento ou *bullying* (use amazonita se você for mulher).

Acrescente um pouco do elixir à sua máquina de lavar roupa para energizar as roupas da família (crisoprásio) e boa sorte (aventurina). Use qualquer pedra azul ou amarela para melhorar a memória e a concentração ou para causar uma boa impressão. Outra opção é borrifar a água cristalina sobre as vestes antes de passá-las a ferro.

Se você estiver fazendo dieta ou tentando parar de fumar, beba um pouco de água de ametista ou ametrina ao longo do dia para ajudá-lo a controlar o vício do cigarro ou água de pedra-da-lua para auxiliar na perda de peso e diminuir a ansiedade relacionada à alimentação.

Para a fertilidade, massageie seu útero com água de pedra-da-lua antes de fazer amor nas três noites anteriores à lua cheia e na própria noite de lua cheia.

Acrescente essas águas protetoras e energizadoras (água-marinha e jaspe amarelo) sempre que for lavar um veículo, lembrando-se de fazer uma mistura protetora e calmante (quartzo rosa e jade) especialmente para as crianças, para borrifar sobre as bicicletas e os brinquedos do parquinho a fim de prevenir brigas e acidentes.

Abençoe um novo lar, um ambiente de trabalho ou um novo veículo com uma infusão de angelita, crisocola e aventurina.

Borrife água de obsidiana arco-íris ou floco de neve sobre ou ao redor de itens que tenha comprado ou ganhado de presente, especialmente se já tiveram outros donos ou se a origem deles for desconhecida.

Encha um regador de plantas com uma mistura de jade, ágata azul, quartzo morango e quartzo rosa para aliviar a atmosfera de um cômodo ou espalhar uma sensação de bem-estar antes de uma reunião social ou após uma briga.

Esfregue um pouco de água de quartzo rosa ou esmeralda sobre os pulsos e outros locais pulsantes do corpo para atrair ou aumentar o amor.

CINCO CRISTAIS PARA ACRESCENTAR À COLEÇÃO

A seguir, você encontrará cinco cristais extras para usar em questões envolvendo saúde e bem-estar. Se desejar, acrescente-os à sua cada vez maior coleção de cristais.

1. Ametrina

Esta mistura natural de ametista e citrino amarelo, regida por Mercúrio, é o cristal do equilíbrio e, por isso, é ideal para ser usado em joias como amuletos se outras pessoas ao seu redor estiverem se mostrando sensíveis e inconstantes demais. A ametrina é o cristal do negociador e quebra barreiras entre dois pontos de vista diferentes, além de aliviar a volta ao trabalho após as férias.

Se for escolhida como cristal do dia, a ametrina indica que você fará um avanço ao unir dois grupos distintos e facilitar a própria vida.

2. Quartzo limão

Este cristal amarelo-limão, regido por Mercúrio, é um excelente desintoxicante físico e emocional. Ele traz consigo boa sorte e atrai novas pessoas e novos interesses para a sua vida, repelindo o rancor e palavras maldosas, principalmente se você precisar conviver com alguém invejoso e malicioso com regularidade, além de impedir que alguém o manipule e faça joguinhos mentais.

Quando escolhido como cristal do dia, o quartzo limão indica que é necessário permanecer distante de discussões entre amigos ou familiares, pois você pode ser atingido no fogo cruzado.

3. Obsidiana floco de neve

Esta obsidiana preta com manchas brancas, ou com padrões em formatos de pequenas flores brancas, é regida por Saturno e Marte e faz com que nos valorizemos como somos em vez de tentarmos nos encaixar em imagens irreais de perfeição. Enterre uma pedra dessa em frente à porta de entrada da sua casa para impedir má sorte com dinheiro, doenças ou amor; a obsidiana floco de neve libera energias positivas após crises de raiva ou ressentimento a fim de ajudar os relacionamentos a seguir adiante.

Quando surge como cristal do dia, a obsidiana floco de neve indica a possibilidade de descobrir que alguém de quem você não gosta ou em quem não confia é, na verdade, uma pessoa confiável; expresse questões delicadas de uma forma nova.

4. Rodocrosita

A rodocrosita é uma pedra rosa com branco ou rosa bandada, regida por Vênus, que traz movimento após um período de estagnação ou dúvida e regenera o entusiasmo e o propósito. É bastante útil para crianças entrando na fase escolar ou jovens que estão começando a faculdade, auxiliando-os a se integrar rapidamente e fazer bons amigos. Sendo um cristal de invocação, a rodocrosita pode ajudar você a encontrar um amor perdido, um amigo ou familiar com quem tenha perdido contato ou até mesmo um animal de estimação desaparecido.

Se for escolhida como cristal do dia, a rodocrosita sugere que você abra seu coração para a possibilidade de amor e amizade, descobrindo que estavam do seu lado o tempo todo; contudo, apesar da empolgação, escolha sempre seus velhos amigos em vez de novos conhecidos.

5. Zoisita com rubi

Esta pedra verde (da zoisita) e cor-de-rosa avermelhada (do rubi) é regida tanto por Vênus quanto por Marte e combina a paixão por qualquer coisa ou pessoa com o crescimento gradual das energias da terra. Excelente para casais do mesmo gênero e questões de gênero, a zoisita com rubi ajuda a restaurar a paixão no relacionamento se um dos parceiros estiver experienciando problemas sexuais ou pensando em cometer uma infidelidade. Também é bastante útil no ambiente de trabalho para ajudar com prazos e evitar paixões equivocadas que possam ocorrer em amizades harmoniosas entre homens e mulheres.

Caso apareça como cristal do dia, a zoisita com rubi indica que você deve equilibrar seu desejo por resultados imediatos, buscando com o caminho mais seguro, mas mais monótono, de espera e observação.

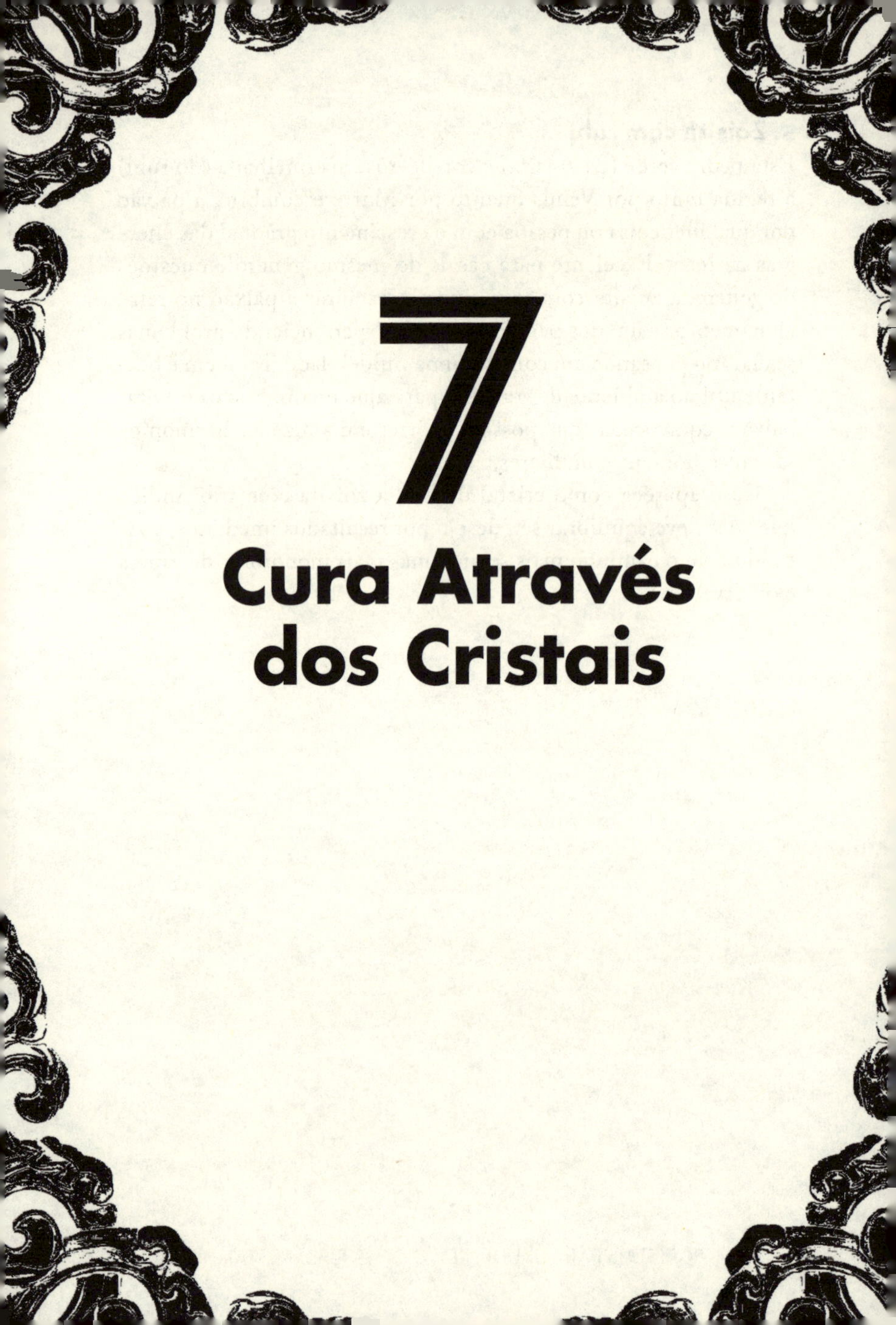

7
Cura Através dos Cristais

Os CRISTAIS SÃO USADOS EM PROCESSOS CURATIVOS desde o antigo Egito. Embora não possam substituir a medicina tradicional, eles ativam nosso sistema imune e nosso poder de autorregeneração e potencializam os efeitos positivos dos tratamentos convencionais.

USANDO SEU CONJUNTO DE CRISTAIS PARA CURA

Seu conjunto de doze cristais é ideal para rituais de cura, uma vez que você já formou uma conexão espiritual com as energias presentes neles.

Contudo, antes de utilizá-los com esse propósito, peça que os arcanjos da cura — Rafael, Ariel, Zadquiel e Gabriel — enviem suas bençãos através dos cristais do jeito certo e no tempo apropriado.

Depois disso, lave os cristais em água corrente ou passe a fumaça de um palito de incenso de fragrância floral ou arbórea sobre eles, fazendo espirais de fumaça e agradecendo aos anjos.

A lista seguinte aborda o significado das diferentes cores dos cristais. Se desejar, é possível montar uma segunda coleção de cristais somente para fins curativos. Mantenha-os em uma tigela especial feita de vidro ou cerâmica.

Escolha um cristal dentro das cores listadas e dois brancos — um cintilante e outro opaco. Para algumas condições de saúde é preciso usar mais de uma cor.

Branco cintilante

Poderes curativos: regeneração de todo o corpo, tratamento da saúde em geral, integração de corpo, mente e alma, cuidados com o cérebro, desordens neurológicas, regulação do sistema autoimune, alívio de dor aguda.

Pedras e cristais: aragonita, quartzo transparente, fluorita transparente, diamante, diamante Herkimer, opala aura, quartzo arco-íris, safira branca, topázio branco e zircônia.

Branco opaco

Poderes curativos: reequilíbrio hormonal, melhora de problemas nas mamas ou no útero, auxílio em questões de fertilidade, gravidez, concepção, equilíbrio entre mãe e filho, recuperação gradual de doenças, depressão ou exaustão, amenização de problemas na medula óssea e nos glóbulos brancos.

Pedras e cristais: calcita, howlita, opala leitosa, quartzo leitoso, pedra-da-lua, pérola, selenita e quartzo neve.

Vermelho

Poderes curativos: estímulo de todo o sistema nervoso, fonte de energia e força, diminuição da pressão sanguínea, melhora da circulação, maior crescimento celular, cura de doenças do sangue (especialmente a anemia), ajuda na reprodução e na fertilidade, amenização de problemas nos pés, nas mãos, no esqueleto, nas costas, no útero, nos genitais e melhora da impotência sexual.

Pedras e cristais: ágata de sangue, heliotrópio/jaspe sanguíneo, opala de fogo, granada, jaspe, olho de tigre vermelho e rubi.

Laranja

Poderes curativos: melhora de problemas nos ovários, no intestino delgado, no baço, na vesícula e na bile (a cor amarela também é ótima para esses órgãos), auxílio na função renal, tratamento de doença celíaca, alívio durante a menstruação e a menopausa, amenização de artrite e reumatismo, auxílio em questões sobre peso e que envolvem a alimentação e o sistema imunológico.

Pedras e cristais: âmbar, aragonita, berilo, calcita, cornalina, celestina, pedra jaspe, mookaite e pedra-do-sol.

Amarelo

Poderes curativos: tratamentos para estômago e fígado, amenização de alergias alimentares, auxílio na digestão, melhora do sistema linfático, regulação do metabolismo, controle de açúcar no sangue, melhora da memória e da concentração, diminuição da exaustão nervosa, controle do tabagismo, tratamento para icterícia, problemas de pele e eczema, estímulo do sistema nervoso.

Pedras e cristais: calcita (amarela e cor-de-mel), crisoberilo, citrino, jaspe, crisoprásio limão, quartzo rutilado e topázio.

Verde

Poderes curativos: tratamentos para o coração e os pulmões, melhora do sistema respiratório, amenização de úlceras, tratamento para infecções e vírus (especialmente da gripe), melhora de bronquite, pneumonia, asma, febre e resfriados, melhora de febre do feno, amenização de alergias respiratórias, controle de ataques de pânico e vícios.

Pedras e cristais: amazonita, aventurina, crisoprásio, esmeralda, fluorita, jade, malaquita, ágata musgo e turmalina.

Azul

Poderes curativos: controle da glândula tireoide, tratamento para a garganta e para febres, diminuição de inflamações da pele e da boca, auxílio no tratamentos dos dentes, amenização de dermatites atópicas da infância, tratamento de tumores, melhora de cortes, hematomas e queimaduras, alívio da dor, diminuição da pressão sanguínea e do pulso, auxílio para a visão e a audição, amenização de enxaquecas e dores de cabeça, controle de diabetes, auxílio em problemas de comunicação (para pessoa com autismo, Tourette ou Asperger) e distúrbios de fala.

Pedras e cristais: angelita, aqua aura, calcedônia azul, ágata azul, quartzo azul, celestita, aura cobalto, iolita, cianita, lápis-lazúli, safira, topázio e turquesa.

Roxo

Poderes curativos: alívio de dores de cabeça e enxaquecas, tratamento de problemas no escalpo e no cabelo, tratamento de micoses e sinusite, controle de vícios (especialmente em álcool e jogos), amenização de neuroses, fobias, hiperatividade e déficit de atenção, alívio de problemas no nervo ciático, auxílio para a concepção, tratamento para problemas de conexões e terminações nervosas, tratamento de transtornos psicológicos, estímulo de todo o sistema nervoso.

Pedras e cristais: ametista, ametrina, charoíta, fluorita, lepidolita, sodalita, sugilita, super seven e quartzo titânio.

Rosa

Poderes curativos: tratamento de problemas glandulares, alívio de enxaquecas, amenização de problemas de ouvido, auxílio no tratamento de doenças psicossomáticas ou nervosas, cura de doenças comuns da infância, superação de traumas psicológicos e abusos (especialmente na infância), auxílio em questões reprodutivas e hormonais femininas (da puberdade à menopausa), amenização de distúrbios do sono e pesadelos.

Pedras e cristais: coral, kunzita, mangano, calcita cor-de-rosa, morganita, calcedônia cor-de-rosa, quartzo rosa e turmalina.

Marrom

Poderes curativos: alívio de problemas nos pés, nas pernas e no intestino grosso, auxílio no tratamento de doenças da terceira idade (especialmente as degenerativas, como demência, tumores e doenças crônicas), amenização de dores e doenças em animais domésticos.

Pedras e cristais: ágata bandada, rosa-do-deserto, madeira petrificada ou fossilizada, fósseis, leopardita, quartzo rutilado, todas as pedras jaspes da cor da areia ou sarapintadas de marrom, quartzo fumado, olho de tigre e zircônia.

Cinza

Poderes curativos: cura de lesões, feridas e queimaduras, regeneração de conexões nervosas e de tecidos, tratamento de ansiedade e obsessões, alívio de dor persistente, amenização de doenças cujas causas são desconhecidas ou para as quais não há tratamento.

Pedras e cristais: lágrima de apache (obsidiana transparente), ágata bandada, labradorita, magnetita, meteorita, hematita prateada e quartzo fumado.

Preto

Poderes curativos: alívio da dor, da constipação e da síndrome do intestino irritável, amenização de efeitos colaterais de tratamentos invasivos (como radioterapia ou quimioterapia), auxílio durante o luto e para tratar depressão.

Pedras e cristais: coral preto, opala preta, pérola preta, azeviche, obsidiana, ônix, obsidiana floco de neve, tectita e turmalina preta (*schorl*).

MÉTODO CURATIVO COM CRISTAIS PARA TODOS OS FINS

Essa é uma excelente forma de conectar os cristais com o seu sistema autorregenerativo e com o daqueles que você pretende ajudar com processos de cura, caso nunca tenha trabalhado com cura ou cristais de cura.

Escolha o cristal que lhe pareça mais adequado, baseando-se na cor dele, para o que deseja melhorar.

Outra opção é deixar sua mão guiar você sobre a coleção de cristais a fim de escolher o tipo certo. Isso funciona de maneira diferente da escolha lógica, pois podem existir fatores ocultos. Se você estiver sofrendo de enxaqueca, por exemplo, você se beneficiará de um cristal roxo, mas se acabar selecionando intuitivamente um amarelo, pode ser um indicativo de que a fonte da sua enxaqueca seja uma alergia alimentar.

O processo curativo

Segure o cristal de sua escolha nas mãos em concha e nomeie o que deseja que a pedra elimine, como alguma enxaqueca, dor, medo ou os sintomas de uma doença crônica.

Ao segurar o cristal, imagine-o ficando cada vez mais pesado conforme vai se enchendo de dor, medo ou enfermidades. Você poderá sentir a pedra pesar cada vez mais enquanto seus sentimentos negativos ou suas dores se esvaem lentamente.

Quando a pedra parecer pesada demais, significa que ela está completamente cheia. Então, lave-a em água corrente ou, se for delicada demais, passe um palito de incenso floral sobre ela, fazendo movimento anti-horários com a fumaça, e depois coloque-a em um lugar onde a luz natural incidirá sobre sua superfície.

Talvez você precise fazer isso muitas vezes caso de trate de uma situação em progresso. Sempre use o mesmo cristal.

CURA COM CRISTAIS UTILIZANDO UMA ÚNICA PEDRA

Para conseguir utilizar os cristais de maneira terapêutica há apenas um segredo: é preciso confiar que sua mão reconhecerá o cristal certo e este seguirá o melhor percurso através do seu corpo. O processo curativo funciona através de roupas leves; caso esteja fazendo esse trabalho para alguém, pergunte se a pessoa gostaria de se cobrir com um cobertor macio.

O ritual de cura é lento, por isso você pode acender velas, queimar óleos essenciais e tocar música para tornar a experiência prazerosa. Use o mínimo de diálogo possível para que o paciente relaxe; vocês podem conversar depois, até porque podem ter liberado uma carga grande de preocupação. Relaxe, sente-se ou fique de pé, e permita que o cristal encontre seus próprios movimentos ao segurá-lo a dois ou três centímetros de distância do próprio corpo ou do membro da sua família. Faça isso usando a mão dominante, pois ela costuma parecer mais natural, mas confie em si mesmo.

Comece a alguns centímetros acima do pé direito e mova o cristal para a frente do seu corpo, passando-o pela perna e pela coxa direita. Passe o cristal lentamente, entrecruzando o corpo da esquerda para a direita, sentindo-o na ponta dos dedos e no braço, deixando que ele guie sua mão enquanto segue o caminho. Suba até o rosto, os cabelos e o topo da cabeça e depois desça pelo braço e pela mão direita, terminando no pé esquerdo. Sua mão fará, espontaneamente, movimentos anti-horários para remover dores, tensão e infelicidade, e movimentos horários para fornecer luz, calor, energia e esperança. O processo é esse, seja o problema físico, emocional, espiritual, seja, como é o comum, uma mistura dos três.

Se o cristal formar espirais sobre uma região específica, é porque detectou um nó energético. Permita, então, que ele desfaça esse nó de energia presa como você faria com um nó de uma linha de costura. O cristal também pode pausar sobre um determinado local do corpo, e então você sentirá nos dedos como ele parecerá esvaziado de energia. Isso indica uma área morta, de onde a energia foi completamente drenada ou bloqueada pela tensão. Áreas mortas podem ser automaticamente energizadas através de movimentos circulares em sentido horário até que você possa sentir as vibrações energéticas emanando em harmonia novamente. Sintonize-se e deixe o cristal fazer todo o trabalho. Após passar pelo pé esquerdo, o processo curativo terá chegado ao fim.

Se você estiver fazendo o trabalho em outra pessoa, ela pode ficar deitada durante o processo. Depois de trabalhar na parte frontal, peça a ela que se vire para que você possa fazer o processo terapêutico na parte de trás do corpo. Passe o cristal pelas costas da pessoa, desta vez partindo do topo da cabeça e descendo pela coluna, depois faça movimentos cruzados pelos braços, da direita para a esquerda, descendo pelas pernas, esquerda e direita, e finalmente chegando aos pés, esquerdo e direito. Ajoelhe-se ou sente-se para que você fique plenamente relaxado durante o processo.

A cura com cristais é como um movimento de dança. Se estiver realizando o processo para você mesmo, trabalhe na parte traseira do corpo movendo o cristal pela curva do pescoço até encostar o cristal em cada um dos ombros, primeiro o esquerdo e depois o direito; faça uma pausa e deixe que a energia flua por suas costas. Quando sentir um fluxo de harmonia, volte pelo ombro direito e continue fazendo espirais pelo braço direito, mantendo o cristal sempre a alguns centímetros de distância do corpo e continuando como fez antes. Se estiver realizando o processo para si mesmo, faça algumas pausas na parte frontal do corpo para sentir a energia atravessando até a parte de trás.

PARES CRISTALINOS

Quando se sentir confiante com o método do cristal único, você pode usar um par para reequilibrar as energias do corpo. Esse método, especificamente, é o ideal para usar em outra pessoa. Outra opção é usá-lo em si mesmo, trabalhando através do corpo ao posicionar um cristal na frente e outro atrás do ombro.

Para começar, escolha um quartzo transparente ou um citrino para sua mão dominante e um quartzo rosa ou uma ametista para a outra mão.

Para uma cura mais suave, use duas ametistas.

Se existirem questões de saúde mais urgentes ou alguma situação em que os tratamentos convencionais não estejam funcionando, use cristais fortes, vibrantes e opacos, como o jaspe vermelho ou o olho de tigre.

Para aliviar dor, use dois quartzos fumados.

Você também pode usar pares cristalinos para tratar animais — pedras com cores suaves ou qualquer uma das ágatas marrons.

Processo curativo com pares cristalinos

Pratique movimentar duas pedras ao mesmo tempo; a primeira, a pedra do poder, na sua mão dominante, girando-a em movimentos horários, e a segunda, a pedra receptora, na outra mão, girando-a em movimentos anti-horários.

Peça à pessoa que se deite sobre a cama de barriga para cima e olhos fechados. Comece alguns centímetros acima do pé direito da pessoa que pretende curar e vá subindo até a cabeça, movendo os pares cristalinos em um curso paralelo a fim de que façam espirais sobre o corpo todo e se cruzem, sempre a alguns centímetros de distância da pessoa. Os cristais encontrarão seus próprios caminhos, portanto mantenha as mãos relaxadas ao segurá-los. As pedras se movimentarão mais rápido nas áreas de poder e na região dos órgãos internos. A dualidade é, em si mesma, curativa e fortalecedora, equilibrando as energias com o movimento dos cristais. Em alguns momentos, uma das pedras parecerá mais ativa que a outra. Isso ocorre devido ao reequilíbrio energético.

Se encontrar resistência, ela pode aparecer como deformidades ou bloqueios que você sentirá no seu próprio corpo, pois eles indicam fluxos estagnados de energia ou nós psíquicos. Os cristais se moverão automaticamente para resolver o problema e então continuarão sua rota. Repita os movimentos na parte posterior do corpo (peça ao paciente que vire de bruços), começando pelo topo da cabeça e descendo pela coluna. Você completará o circuito sempre que chegar ao pé oposto de onde começou o processo curativo. Nesse momento, a cura e o equilíbrio energético chegam ao fim.

Após o processo, fique em pé, de pernas afastadas, e aponte as mãos e os dedos para baixo a fim de que o excesso de energia deixe seu corpo. Isso ocorre porque seu paciente estará perfeitamente energizado, enquanto você terá absorvido um excesso de energias do cosmos. Alguns praticantes, ao fim de uma sessão, passam as mãos de cada lado do corpo do paciente, do chacra da coroa até a parte de baixo dos pés, fazendo as mãos se encontrem a cerca de um braço de distância do corpo da pessoa, a fim de purificar o espaço áurico e energético. Embora seja opcional, é o método mais fácil quando o paciente está deitado. Na sequência, lave ou defume os cristais, espiralando a fumaça de incensos florais sobre eles.

RITUAL DE CURA CRISTALINA EM ALGUÉM QUE NÃO ESTEJA PRESENTE

Para realizar o processo criativo para alguém que não esteja presente, use uma pequena esfera transparente de cristal ou um cristal ovalado. As melhores cores são azul, cor-de-rosa, roxo e verde. Essa esfera pode ter marcas ou inserções do lado de dentro que brilhem sob o sol, a lua ou à luz das velas. Se não conseguir nenhum cristal desse tipo, use uma calcita, uma fluorita rolada, uma ametista ou quartzo rosa bruto.

Acenda uma vela cor-de-rosa ou lilás com fragrância de rosa ou lavanda, se possível, a fim de que a luz brilhe dentro do cristal. Você pode trabalhar à luz do sol ou à luz da lua, mas ainda assim precisará acender uma vela. Vire-se para a direção em que a pessoa ou o animal a quem a cura será destinada vive ou estará no horário do ritual, visualizando esse ser em um lugar específico, como um quarto ou jardim. Caso nunca tenha conhecido essa pessoa ou esse animal, use uma fotografia dele ou dela apoiada diante da vela. Então, segure o cristal em ambas as mãos, imaginando raios escuros saindo de seu paciente, adentrando o cristal e sendo transformados em círculos de luz cristalina, flutuando como bolhas dentro da vela e sendo incorporados como luz. Depois, coloque o cristal sobre a mesa e ponha as mãos sobre ele, com os dedos apontados para baixo, sem tocá-lo, até senti-los formigar. Visualize rios de luz cristalina branca ou colorida circulando ao redor de seu corpo e através de seus dedos, fluindo através de seu coração, preenchendo todo o seu corpo e saindo pelos dedos novamente. Quando a energia estiver fazendo seus dedos vibrarem, vire as palmas para a vertical e empurre gentilmente a luz visualizada na direção da pessoa até que seus braços estejam completamente esticados. Mantenha as mãos na vertical.

Continue para retornar ao cristal, absorver mais luz e, delicadamente, empurrá-la de volta ao cosmos, e então você sentirá o poder do cristal diminuindo e suas próprias energias enfraquecendo. Nesse momento, a cura estará completa.

PROCESSO CURATIVO EM ANIMAIS

Caso deseje realizar um processo curativo em animais de estimação, escolha cristais escuros de tons terrosos ou pedras opacas verdes ou marrons, como a jade, a ágata árvore ou ágata musgo, a ágata bandada, a pedra jaspe marrom, o quartzo rutilado ou quartzo fumado, ou a madeira fossilizada. Filhotes podem se beneficiar do quartzo rosa ou da calcita rosa. Se optar por usar um único cristal, esfregue-o delicadamente sobre o pelo do animal, fazendo movimentos anti-horários e horários. Independentemente de onde esteja o problema, sempre comece pelas patas, depois vá para a parte da coluna e, finalmente, chegue ao topo da cabeça do animal, evitando áreas moles do corpo. A cura fluirá através do animal e chegará ao lugar necessário. Outro método é quando o animal estiver adormecido, manter-se a um metro e meio de distância e traçar a silhueta do animal no ar usando o cristal. Não importa se o animal está em pé ou deitado diante de você. Passe o cristal sobre essa forma invisível, sentindo com a mente a maciez do pelo ou das penas até que um leve calor se espalhe pelos seus dedos.

CINCO CRISTAIS PARA ACRESCENTAR À COLEÇÃO

A seguir, você encontrará cinco dos meus cristais terapêuticos favoritos. Se desejar, acrescente-os ao seu conjunto de cristais.

1. Aragonita

A aragonita marrom-dourada, que também pode ser transparente ou laranja, ajuda a liberar o ódio residual de erros do passado. Ela também diminui a pressa de chegar ou sair de casa, traz à tona argumentos razoáveis durante discussões dominadas por certos tipos de pessoas no ambiente de trabalho, protege aqueles que vivem sós e todos os que frequentam locais onde há pessoas com comportamento antissocial, além de afastar pesadelos e ataques psicológicos ou psíquicos durante o sono.

Se for escolhida como cristal do dia, a aragonita promete formas mais harmoniosas de viver e trabalhar, ao mesmo tempo que indica que você deve evitar se comprometer em excesso.

2. Crisocola

Esta rica pedra verde-azulada, muito conhecida como "pedra da sabedoria feminina", protege contra a violência doméstica de ambos os sexos, veta vizinhos enxeridos e maldade presente nas redes sociais. É uma pedra útil especialmente às mulheres mais velhas, pois colabora na superação do preconceito e etarismo e ajuda a valorizar a beleza natural. A crisocola também impede que um parceiro amoroso se afaste ou um companheiro de negócios aja de maneira irresponsável; no geral, é excelente para negócios comandados por mulheres.

Quando escolhida como cristal do dia, a crisocola indica que a experiência sempre supera o entusiasmo jovial; não se sinta sobrecarregado, pois você sabe das coisas melhor que ninguém.

3. Howlita

A howlita branca, incrustada de veios cinza e pretos, é o cristal da saúde e força física e do desejo de atingir os mais altos padrões de perfeição. Essa pedra é ótima para entregar tarefas na data certa e abençoa o lar sempre que é colocada diante da porta de entrada ou dos fundos de uma casa.

Caso surja como cristal do dia, a howlita branca sugere que você não deve esperar o impossível dos outros, uma vez que suas expectativas são altas demais.

4. Madeira petrificada ou fossilizada

Esta pedra bandada, marrom ou castanha, vem de árvores fossilizadas nas quais a madeira, após milhões de anos, se torna um mineral. Ela pode indicar o retorno de um amor do passado, incentivar uma nova carreira ou uma nova área de estudos após a aposentadoria ou uma demissão e é ótima para manter relacionamentos positivos com membros da família e colegas de trabalho.

Quando aparece como cristal do dia, a madeira fossilizada indica que é hora de deixar uma amizade ou atividade específica de lado no exato momento em que descobrir que ela não é mais prazerosa.

5. Selenita/Longarina de cetim

A selenita laranja, azul e branca de brilho perolado é bastante similar à sua irmã, a longarina de cetim, que tem faixas de luz branca. A selenita reduz o medo da rejeição e é ótima para adultos e crianças que têm medo do escuro. Usar uma joia com essa pedra oferece sorte nas viagens e no amor e é um ótimo amuleto de fertilidade. Também é excelente para mães mais velhas ou que precisem de intervenção médica para dar à luz.

Se for escolhida como cristal do dia, a selenita indica que você deve fazer o primeiro movimento rumo à reconciliação com o cônjuge ou um membro da família, especialmente mães e filhos que tenham se comportado de maneira exagerada.

8
Cristais Personalizados

MANUAL PRÁTICO DOS CRISTAIS

NÃO IMPORTA QUANTOS CRISTAIS VOCÊ USE DIAriamente e para seus rituais de cura; ao longo dos meses, ou mesmo antes, um cristal especial aparecerá no seu caminho — ele escolherá você. Talvez você o encontre em uma feira de rua, à beira-mar ou o receba de presente de aniversário, especialmente se tiver se apaixonado por um tipo deslumbrante de pedra. No momento em que tocá-la, a conexão estará ali. Por isso, fique tranquilo; no tempo certo, ela irá encontrá-lo.

Sempre que estiver cansado, segurar seu cristal favorito ajudará a restaurar suas energias; e se estiver inquieto, ele lhe trará calma. Mantenha-o no centro de sua casa para garantir que a abundância, a saúde e a alegria entrem, e a negatividade e o azar saiam. Quanto mais mantiver este cristal próximo de você, mais suas energias crescerão.

Para purificá-lo e energizá-lo, coloque-o em um local protegido ao ar livre em uma noite de lua cheia. Se precisar de energia extra para uma data especial ou empreitada específica, deixe-o recebendo raios solares a partir do nascer do dia (ou da hora que despertar) até o meio-dia.

Para uma dose extra de boa sorte, banhe-o na luz das estrelas. A data ideal para carregar seu cristal de energias naturais é durante o solstício de verão, que ocorre por volta de 21 de junho no hemisfério norte e 21 de dezembro no hemisfério sul.

ANJOS E CRISTAIS DO ZODÍACO

Há uma grande quantidade de cristais e pedras preciosas que podem ser associados a todo tipo de tradições, como ao nosso mês de nascimento e aos signos do zodíaco que nos regem. Fornecerei uma lista abrangente e sugiro que dê um jeito de adquirir seu cristal e anjo do zodíaco. Contudo, se nenhum deles parecer certo, substitua-os por um cristal da cor associada ao seu nascimento.

A seguir, descreverei os anjos e os cristais do zodíaco e os pontos fortes que podem ser absorvidos tanto de um quanto do outro. Caso encontre, compre anjinhos de cristal, pois eles são relativamente baratos e uma poderosa fonte de energia e proteção. Alguns deles podem ser regidos por mais de um signo do zodíaco.

Se possível, compre um anjinho para cada membro da família — para os presentes, os ausentes e os falecidos — e sempre acrescente um para cada nascimento ou novo membro familiar. Você pode colocá-los em círculo no altar de cristais. Também acrescente anjos cujas características do zodíaco você gostaria de receber, mesmo que não sejam as do seu signo; por exemplo, uma pedra-da-lua para Muriel, o anjo de Câncer, para ter um sono tranquilo. Use ou leve sua pedra do zodíaco consigo em um saquinho da cor do seu signo sempre que precisar de força, proteção, sorte, cura ou quiser ser notado de forma positiva.

Anjos e cristais zodiacais são os presentes ideais para dar a um recém-nascido, um membro da família, um bom amigo em uma data especial ou ao seu cônjuge no momento do casamento ou em que decidirem viver juntos. Presenteie seus filhos com um cristal todos os anos. Uma ideia interessante é dar uma pérola ou outro cristal que possa ser transformado em um colar de pedras no futuro, que poderá ser usado na maioridade, quando essa criança se tornar adulta, ou mesmo se tornar um presente a um futuro cônjuge, a fim de conectar essa pessoa à infância do companheiro.

Nos aniversários ou outras datas especiais, envie força e poder de cura aos amigos e membros da família acendendo uma vela da cor do zodíaco e segurando o anjo de cristal que a representa perto da chama, enviando-lhe benção. Depois de fazer isso, deixe a vela queimar até o final. O ritual também pode ser feito para você mesmo.

Áries, o Carneiro: 21 de março – 20 de abril

Pedras e cristais: ágata de sangue, cornalina laranja, calcopirita polida dourada, diamante, pirita, jaspe vermelha, jaspe arco-íris, ouro ou prata brilhante, obsidiana, rodonita cor-de-rosa, olho de tigre vermelho.

Planeta: Marte.

Elemento: Fogo.

Anjo regente: Machidiel, um anjo guerreiro de asas e auréola vermelho-douradas e brilhantes.

Pontos fortes dos cristais angelicais: autoconfiança, forte senso de identidade, inovação, assertividade, ação e coragem.

Cor: vermelho.

Touro, o Touro: 21 de abril – 21 de maio

Pedras e cristais: opala azul peruana, crisoprásio verde, calcita cor-de-rosa, esmeralda, jade, pedra-da-lua arco-íris, rodocrosita, quartzo rosa, turmalina rosa.

Planeta: Vênus.

Elemento: Terra.

Anjo regente: Asmodel ou Asmodelo, anjo da beleza, sempre circundado de raios cor-de-rosa, criador de tudo aquilo que é digno.

Pontos fortes dos cristais angelicais: persistência, paciência, responsabilidade, lealdade, habilidades práticas, estabilidade, amor à beleza.

Cor: cor-de-rosa.

Gêmeos, os Gêmeos Celestiais: 22 de maio – 21 de junho

Pedras e cristais: ágata, alexandrita, calcita amarela, crisoprásio limão, citrino, jaspe amarelo, labradorita, opala, quartzo limão.

Planeta: Mercúrio.

Elemento: Ar.

Anjo regente: Ambriel ou Ambiel, mensageiro e viajante, sempre vestido com as cores do sol nascente.

Pontos fortes dos cristais angelicais: excelentes habilidades comunicativas, adaptabilidade, aptidão tecnológica e científica, curiosidade, inteligência, versatilidade.

Cores: amarelo-pálido e cinza.

Câncer, o Caranguejo: 22 de junho – 22 de julho

Pedras e cristais: coral branco, pedra-da-lua, opalita, pérola, longarina de cetim, selenita, quartzo branco ou leitoso, topázio transparente.

Planeta: Lua.

Elemento: Água.

Anjo regente: Muriel, anjo da cura, sempre ostentando vestes prateadas e peroladas sobre um tapete mágico de sonhos.

Pontos fortes dos cristais angelicais: sensibilidade, gentileza, imaginação, criação (especialmente de crianças), segurança emocional, dom de guardar segredos, sono tranquilo.

Cor: prata.

Leão, o Leão: 23 de julho - 23 de agosto

Pedras e cristais: âmbar, opala de fogo, quartzo-de-fogo, quartzo arco-íris, espinela vermelha, rubi, safira branca, calcedônia, pedra-do-sol.

Planeta: Sol.

Elemento: Fogo.

Anjo regente: Verchiel, o portador de ouro da alegria, sempre circundado de raios solares.

Pontos fortes dos cristais angelicais: poder, coragem, generosidade, nobreza, idealismo, liderança, proteção dos mais fracos, habilidade de agir com criatividade diante de uma plateia.

Cor: dourado.

Virgem, a Donzela: 24 de agosto - 22 de setembro

Pedras e cristais: amazonita, calcita verde, granada verde, jade, howlita branca, ágata árvore ou ágata musgo, olivina, peridoto, serpentinita, quartzo neve.

Planeta: Mercúrio.

Elemento: Terra.

Anjo Regente: Hamaliel ou Hamaiel, anjo da perfeição, sempre envolvido por um verde enevoado.

Pontos fortes dos cristais angelicais: alcance da perfeição, habilidades organizacionais, método, atenção aos detalhes, eficiência, poderes curativos, capacidade de perseverar e responsabilidade.

Cor: verde.

Libra, a Balança: 23 de setembro - 23 de outubro

Pedras e cristais: ágata azul, calcedônia azul, crisocola, lápis-lazúli, opala branca ou arco-íris, quartzo azul, rubelita, turmalina vermelha, safira azul.

Planeta: Vênus.

Elemento: Ar.

Anjo regente: Zuriel, o professor, um anjo de um azul pálido que traz calma e racionalidade.

Pontos fortes dos cristais angelicais: harmonia, habilidade de enxergar os dois lados de uma situação, diplomacia, reconciliação, forte senso de justiça e carisma.

Cor: azul-claro.

Escorpião, o Escorpião: 24 de outubro - 22 de novembro

Pedras e cristais: coral preto e vermelho, hematita, obsidiana mogano, malaquita, obsidiana preta, opala preta, pérola preta, espinela vermelha, quartzo aura titânio, unakita.

Planeta: Plutão.

Elemento: Água.

Anjo regente: Bariel, anjo dos pequenos milagres, sempre vestido com as cores do crepúsculo.

Pontos fortes dos cristais angelicais: intensidade, religiosidade, espiritualidade, percepção psíquica, habilidade de transformação (de si mesmo e de situações), poder de recomeçar, poder de reviver uma situação estagnada.

Cores: índigo e bordô.

Sagitário, o Arqueiro: 23 de novembro – 21 de dezembro

Pedras e cristais: aragonita laranja, quartzo aura, azurita, bornita iridescente ou pedra-pavão, crisicola, goldstone azul, goldstone, howlita azul, quartzo transparente, topázio dourado, turquesa.

Planeta: Júpiter.

Elemento: Fogo.

Anjo regente: Adnachiel ou Advachiel, anjo do aprendizado e da exploração, sempre vestido de amarelo vibrante.

Pontos fortes dos cristais angelicais: expansividade, paixão por viajar e explorar, visão clara, busca pela verdade, perspectivas abrangentes, flexibilidade, mente aberta, otimismo, entusiasmo, criatividade (especialmente na escrita).

Cor: amarelo-vivo.

Capricórnio, a Cabra: 22 de dezembro – 20 de janeiro

Pedras e cristais: aventurina verde, bronzita, madeira fossilizada ou petrificada, granada vermelha, ônix, rubelita ou turmalina vermelha, quartzo fumado, olho de tigre, quartzo turmalinado, turmalina preta.

Planeta: Saturno.

Elemento: Terra.

Anjo regente: Anael ou Hanael, protetor e arcanjo do amor e da fidelidade, sempre rodeado por verde, prata e rosa.

Pontos fortes dos cristais angelicais: precaução, persistência (independentemente da oposição), respeito pelas tradições, ambição, disciplina, lealdade, fidelidade e prudência financeira.

Cores: índigo e marrom.

Aquário, o Aguadeiro: 21 de janeiro - 18 de fevereiro

Pedras e cristais: ametista, opala azul peruana, angelita, celestita azul, quartzo azul, sodalita, sugilita, quartzo aura titânio.

Planeta: Urano.

Elemento: Ar.

Anjo regente: Cambiel, um arcanjo guardião, alto, sombrio e vigilante, que o protege dia e noite de seus erros e de perigos externos.

Pontos fortes dos cristais angelicais: idealismo, independência, humanitarismo, inventividade, ausência de oscilações de humor e preconceito, perspectiva única sobre o mundo.

Cores: azul-escuro e roxo.

Peixes, o Peixe: 19 de fevereiro - 20 de março

Pedras e cristais: água-marinha, aragonita transparente, berilo dourado, jaspe sanguíneo, quartzo girassol, kunzita lilás e cor-de-rosa, madrepérola, jaspe oceânico ou orbicular, turmalina melancia.

Planeta: Netuno.

Elemento: Água.

Anjo regente: Baraquiel ou Barchiel, arcanjo azul e dourado dos relâmpagos e da boa sorte, conhecido por sua auréola de raio brilhante.

Pontos fortes dos cristais angelicais: poderes intuitivos muito bem desenvolvidos, empatia, conhecimento de mitos e do oculto, capacidade de se integrar em qualquer ambiente, espiritualidade alternativa.

Cores: branco e malva.

CRISTAIS E BODAS

Apesar de a tradição dizer que devemos presentear nosso cônjuge com cristais e pedras preciosas nos aniversários de casamento, você também pode dar uma pedra zodiacal pensando na data do casamento, no dia em que se conheceram pessoalmente ou em qualquer outra ocasião que seja especialmente significativa para o casal.

PEDRAS E BODAS*

Bodas de 1 ano: joias douradas

Bodas de 2 anos: granada

Bodas de 3 anos: pérolas (cultivadas ou naturais)

Bodas de 4 anos: topázio azul

Bodas de 5 anos: safira

Bodas de 6 anos: ametista

Bodas de 7 anos: ônix

Bodas de 8 anos: turmalina

Bodas de 9 anos: lápis-lazúli

Bodas de 10 anos: joias incrustadas de diamantes

Bodas de 11 anos: turquesa

Bodas de 12 anos: jade

* No Brasil, a tradição de utilizar materiais resistentes em celebrações vai além das pedras preciosas; outros elementos igualmente duradouros também são valorizados. No entanto, para aqueles que se encantam com a magia dos cristais, incorporar esse costume às nossas tradições pode enriquecer ainda mais as celebrações, tornando-as únicas e especiais. (Nota da editora.)

Bodas de 13 anos: citrino

Bodas de 14 anos: opala

Bodas de 15 anos: rubi

Bodas de 16 anos: peridoto

Bodas de 17 anos: relógios

Bodas de 18 anos: olho-de-gato

Bodas de 19 anos: água-marinha

Bodas de 20 anos: esmeralda

Bodas de 21 anos: iolita

Bodas de 22 anos: espinela

Bodas de 23 anos: topázio imperial

Bodas de 24 anos: tanzanita

Bodas de 25 anos: prata

Bodas de 30 anos: pérolas (naturais ou cultivadas)

Bodas de 35 anos: esmeralda

Bodas de 40 anos: rubi

Bodas de 45 anos: safira

Bodas de 50 anos: ouro

Bodas de 55 anos: alexandrita

Bodas de 60 anos: diamante

Purificando e Energizando seus Cristais Personalizados

Ao longo do livro, sugeri diversas formas de limpeza e energização de cristais após sua utilização. Contudo, há outros métodos bastante delicados que podem ser usados para purificar seus cristais favoritos. Use-os também para limpar pedras mais delicadas e frágeis.

Se o cristal for pontiagudo ou angular, esfregue-o da base para a ponta, para cima e para baixo, até criar um movimento rítmico.

No caso de um cristal redondo ou oval, segure-o na mão não dominante e, com o dedo indicador da outra mão, desenhe espirais na superfície da pedra até se conectar com seu ritmo inato ou pulso interior, sentindo um leve latejar.

É possível energizar cada um dos cristais assoprando suavemente sobre ele três vezes. A cada vez, faça uma pausa e diga: "*Seja* (assopre) *só* (assopre) *meu* (diga seu nome ou o da pessoa, animal ou membro da sua família para quem esteja energizando o cristal)". Então, assopre novamente e diga o propósito mágico da energização.

ÍNDICE REMISSIVO

A

B

C

E

CASSANDRA EASON é psicóloga e uma das autoras mais prolíficas e populares de nossa época, escrevendo sobre todos os campos da espiritualidade e da magia. Ela também é palestrante e organiza workshops em todo o mundo sobre todos os aspectos do paranormal. Durante os últimos quarenta anos, escreveu mais de 130 livros, muitos dos quais foram traduzidos para vários idiomas, incluindo japonês, chinês, russo, hebraico, português, alemão, francês, holandês e espanhol. Eason tem cinco filhos e quatro netos, os quais considera sua maior alegria e conquista. Atualmente mora na Isle of Wight, na costa sul da Inglaterra. Saiba mais em cassandraeason.com

MAGICAE

DARKSIDE

MAGICAE é uma marca dedicada aos saberes ancestrais, à magia e ao oculto. Livros que abrem um portal para os segredos da natureza, convidando bruxas, bruxos e aprendizes a embarcar em uma jornada mística de cura e conexão. Encante-se com os poderes das práticas mágicas e encontre a sua essência.

DARKSIDEBOOKS.COM